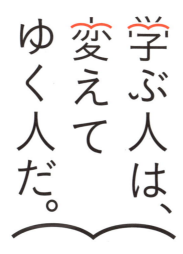

学ぶ人は、
変えて
ゆく人だ。

目の前にある問題はもちろん、

人生の問いや、社会の課題を自ら見つけ、

挑み続けるために、人は学ぶ。

「学び」で、少しずつ世界は変えてゆける。

いつでも、どこでも、誰でも、

学ぶことができる世の中へ。

旺文社

JN247975

2021-2022年対応

文部科学省後援

直前対策 英検®**5**級 **3**回過去問集

英検®は、公益財団法人 日本英語検定協会の登録商標です。　旺文社

◉ 付属CDについて

付属CDには，本書に掲載されているリスニングテストを収録しています。収録箇所は本書でCD **1**～**11**のように表示しています。1問ごとにトラック番号が区切られています。

特長 ◀» 5級 リスニング

本番の試験の音声を収録 ➡	スピードをつかめる！
解答時間は本番どおり10秒間 ➡	解答時間に慣れる！
CDに収録されている英文は，別冊解答に掲載 ➡	聞き取れない箇所を確認できる！

トラック番号一覧

2020年度 第3回	第1部	CD **1**～**11**
	第2部	CD **12**～**17**
	第3部	CD **18**～**28**
2020年度 第2回	第1部	CD **29**～**39**
	第2部	CD **40**～**45**
	第3部	CD **46**～**56**
2020年度 第1回	第1部	CD **57**～**67**
	第2部	CD **68**～**73**
	第3部	CD **74**～**84**

<ご注意>ディスクの裏面には，指紋，汚れ，傷などがつかないよう，お取り扱いにはご注意ください。一部の再生機器（パソコン，ゲーム機など）では再生に不具合が生じることがありますので，ご承知おきください。

2021-2022年対応

文部科学省後援

直前
対策

英検®**5**級
3回過去問集

旺文社

付属CDについて

付属CDには，本書に掲載されているリスニングテストを収録しています。収録箇所は本書でCD **1**〜**11**のように表示しています。1問ごとにトラック番号が区切られています。

特 長 🔊 5級 リスニング

本番の試験の音声を収録	➡	スピードをつかめる！
解答時間は本番どおり10秒間	➡	解答時間に慣れる！
CDに収録されている英文は，別冊解答に掲載	➡	聞き取れない箇所を確認できる！

トラック番号一覧

2020年度 第3回	第1部	CD	**1**〜**11**
	第2部	CD	**12**〜**17**
	第3部	CD	**18**〜**28**
2020年度 第2回	第1部	CD	**29**〜**39**
	第2部	CD	**40**〜**45**
	第3部	CD	**46**〜**56**
2020年度 第1回	第1部	CD	**57**〜**67**
	第2部	CD	**68**〜**73**
	第3部	CD	**74**〜**84**

<ご注意>ディスクの裏面には，指紋，汚れ，傷などがつかないよう，お取り扱いにはご注意ください。一部の再生機器（パソコン，ゲーム機など）では再生に不具合が生じることがありますので，ご承知おきください。

問題カード

この問題カードは切り取って，スピーキングテストの練習用にしてください。
質問は P17 にありますので，参考にしてください。

Sam's Pet

Sam is 10 years old, and he has a dog. The dog's name is Lisa. Lisa is black. Sam likes Lisa.

切り取り線

問題カード

この問題カードは切り取って，スピーキングテストの練習用にしてください。
質問は P19 にありますので，参考にしてください。

質問は P19 にありますので，参考にしてください。

Peter's Bike

Peter is a student, and he has a bike. The bike is yellow. Peter likes yellow. Peter goes to school by bike.

切り取り線

‖‖‖‖‖‖‖ 個人情報の書き方 ‖‖‖‖‖‖‖

英検では, 試験が始まる前に, 解答用紙(マークシート)に名前や個人番号を記入します。
試験の前に, 下のシートを使って書き方をマスターしておきましょう。

① 受験地番号
試験の前に協会から届いている『一次受験票』の「受験地番号」4ケタをマークします。マーク欄の上に番号の記入も忘れずに。

② 個人番号
『一次受験票』の「個人番号」7ケタをマークします。番号の記入も忘れずに。

下段の注意事項をよく読んでからマークしてください。

受験地番号	個人番号	生年月日

③ 生年月日
あなたの生まれた日をマークしましょう。平成20年4月25日なら「平成200425」と順にマークします。

年号 明治○ 大正○ 昭和○ 平成○

④ 氏名
あなたの名前を書きます。「氏」の欄には名字を, 「名」の欄には名前をそれぞれひらがなで記入します。「漢字氏名」の欄には, 漢字で名前を書きましょう。

氏名はひらがなで記入(外国人名はアルファベット〈大文字〉で記入)

氏	
名	
漢字氏名	(氏)　　　　　　(名)

⑤ 電話番号
あなたの電話番号の下4ケタを記入しましょう。

電話番号 (下4桁を記入) □□□□

⑥ 年齢
あなたの年齢を記入しましょう。

年齢 　　歳

⑦ 受験会場名
試験を受ける会場の名前を記入します。会場名は『一次受験票』の「試験会場」の欄に書かれています。

受験会場名

◎受験地番号・個人番号・生年月日は上段に数字で記入し, マーク欄を正確にぬりつぶしてください。

◎生年月日は, 1ケタの場合は01, 06のように頭に0をつけてください。個人番号, 生年月日の記入がない場合や不正確な記入は答案が無効になることもあります。

2020年度第3回　英検5級　解答用紙

【注意事項】
①解答にはHBの黒鉛筆（シャープペンシルも可）を使用し、解答を訂正する場合には消しゴムで完全に消してください。
②解答用紙は絶対に汚したり折り曲げたり、所定以外のところへの記入はしないでください。

③マーク例

	良い例	悪い例
	●	

 これ以下の濃さのマークは読めません。

解　答　欄

問題番号	1	2	3	4
1 (1)	①	②	③	④
(2)	①	②	③	④
(3)	①	②	③	④
(4)	①	②	③	④
(5)	①	②	③	④
(6)	①	②	③	④
(7)	①	②	③	④
(8)	①	②	③	④
(9)	①	②	③	④
(10)	①	②	③	④
(11)	①	②	③	④
(12)	①	②	③	④
(13)	①	②	③	④
(14)	①	②	③	④
(15)	①	②	③	④

解　答　欄

問題番号	1	2	3	4
2 (16)	①	②	③	④
(17)	①	②	③	④
(18)	①	②	③	④
(19)	①	②	③	④
(20)	①	②	③	④
3 (21)	①	②	③	④
(22)	①	②	③	④
(23)	①	②	③	④
(24)	①	②	③	④
(25)	①	②	③	④

リスニング解答欄

問題番号	1	2	3	4
例題	①	②	●	
第1部 No. 1	①	②	③	
No. 2	①	②	③	
No. 3	①	②	③	
No. 4	①	②	③	
No. 5	①	②	③	
No. 6	①	②	③	
No. 7	①	②	③	
No. 8	①	②	③	
No. 9	①	②	③	
No. 10	①	②	③	
第2部 No. 11	①	②	③	④
No. 12	①	②	③	④
No. 13	①	②	③	④
No. 14	①	②	③	④
No. 15	①	②	③	④
第3部 No. 16	①	②	③	
No. 17	①	②	③	
No. 18	①	②	③	
No. 19	①	②	③	
No. 20	①	②	③	
No. 21	①	②	③	
No. 22	①	②	③	
No. 23	①	②	③	
No. 24	①	②	③	
No. 25	①	②	③	

2020年度第3回

Web特典「自動採点サービス」対応 オンラインマークシート

※検定の回によってQRコードが違います。
※ PC からも利用できます（問題編 P7 参照）。

※実際のマークシートに似せていますが、デザイン・サイズは異なります。

2020年度第2回　英検5級　解答用紙

【注意事項】
①解答にはHBの黒鉛筆（シャープペンシルも可）を使用し、解答を訂正する場合には消しゴムで完全に消してください。
②解答用紙は絶対に汚したり折り曲げたり、所定以外のところへの記入はしないでください。

③マーク例

良い例	悪い例
●	

これ以下の濃さのマークは読めません。

解　答　欄

問題番号	1	2	3	4
	(1)	①	②	③	④
	(2)	①	②	③	④
	(3)	①	②	③	④
	(4)	①	②	③	④
	(5)	①	②	③	④
	(6)	①	②	③	④
	(7)	①	②	③	④
1	(8)	①	②	③	④
	(9)	①	②	③	④
	(10)	①	②	③	④
	(11)	①	②	③	④
	(12)	①	②	③	④
	(13)	①	②	③	④
	(14)	①	②	③	④
	(15)	①	②	③	④

解　答　欄

問題番号	1	2	3	4
	(16)	①	②	③	④
	(17)	①	②	③	④
2	(18)	①	②	③	④
	(19)	①	②	③	④
	(20)	①	②	③	④
	(21)	①	②	③	④
	(22)	①	②	③	④
3	(23)	①	②	③	④
	(24)	①	②	③	④
	(25)	①	②	③	④

リスニング解答欄

問題番号	1	2	3	4
	例題	①	②	●	
	No. 1	①	②	③	
	No. 2	①	②	③	
	No. 3	①	②	③	
第1部	No. 4	①	②	③	
	No. 5	①	②	③	
	No. 6	①	②	③	
	No. 7	①	②	③	
	No. 8	①	②	③	
	No. 9	①	②	③	
	No. 10	①	②	③	
	No. 11	①	②	③	④
第2部	No. 12	①	②	③	④
	No. 13	①	②	③	④
	No. 14	①	②	③	④
	No. 15	①	②	③	④
	No. 16	①	②	③	
	No. 17	①	②	③	
	No. 18	①	②	③	
第3部	No. 19	①	②	③	
	No. 20	①	②	③	
	No. 21	①	②	③	
	No. 22	①	②	③	
	No. 23	①	②	③	
	No. 24	①	②	③	
	No. 25	①	②	③	

2020年度第2回

Web特典「自動採点サービス」対応
オンラインマークシート

※検定の回によってQRコードが違います。
※ PC からも利用できます（問題編 P7 参照）。

※実際のマークシートに似せていますが、デザイン・サイズは異なります。

2020年度第1回　英検5級　解答用紙

【注意事項】

①解答にはHBの黒鉛筆（シャープペンシルも可）を使用し、解答を訂正する場合には消しゴムで完全に消してください。

②解答用紙は絶対に汚したり折り曲げたり、所定以外のところへの記入はしないでください。

③マーク例

良い例	悪い例
●	◑ ✖ ◖

 これ以下の濃さのマークは読めません。

解答欄

問題番号	1	2	3	4
	(1)	①	②	③	④
	(2)	①	②	③	④
	(3)	①	②	③	④
	(4)	①	②	③	④
	(5)	①	②	③	④
	(6)	①	②	③	④
	(7)	①	②	③	④
1	(8)	①	②	③	④
	(9)	①	②	③	④
	(10)	①	②	③	④
	(11)	①	②	③	④
	(12)	①	②	③	④
	(13)	①	②	③	④
	(14)	①	②	③	④
	(15)	①	②	③	④

解答欄

問題番号	1	2	3	4
	(16)	①	②	③	④
	(17)	①	②	③	④
2	(18)	①	②	③	④
	(19)	①	②	③	④
	(20)	①	②	③	④
	(21)	①	②	③	④
	(22)	①	②	③	④
3	(23)	①	②	③	④
	(24)	①	②	③	④
	(25)	①	②	③	④

リスニング解答欄

問題番号	1	2	3	4
	例題	①	②	●	
	No. 1	①	②	③	
	No. 2	①	②	③	
	No. 3	①	②	③	
第1部	No. 4	①	②	③	
	No. 5	①	②	③	
	No. 6	①	②	③	
	No. 7	①	②	③	
	No. 8	①	②	③	
	No. 9	①	②	③	
	No. 10	①	②	③	
	No. 11	①	②	③	④
第2部	No. 12	①	②	③	④
	No. 13	①	②	③	④
	No. 14	①	②	③	④
	No. 15	①	②	③	④
	No. 16	①	②	③	
	No. 17	①	②	③	
	No. 18	①	②	③	
	No. 19	①	②	③	
第3部	No. 20	①	②	③	
	No. 21	①	②	③	
	No. 22	①	②	③	
	No. 23	①	②	③	
	No. 24	①	②	③	
	No. 25	①	②	③	

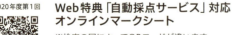

2020年度第1回

Web特典「自動採点サービス」対応
オンラインマークシート

※検定の回によってQRコードが違います。
※ PC からも利用できます（問題編 P7 参照）。

※実際のマークシートに似せていますが、デザイン・サイズは異なります。

はじめに

実用英語技能検定（英検®）は，年間受験者数 360 万人（英検 IBA，英検 Jr. との総数）の小学生から社会人まで，幅広い層が受験する国内最大級の資格試験で，1963 年の第 1 回検定からの累計では 1 億人を超える人々が受験しています。英検®は，コミュニケーションに欠かすことのできない技能をバランスよく測定することを目的としており，英検®の受験によってご自身の英語力を把握することができます。

この『直前対策 3 回過去問集』は，英語を学ぶ皆さまを応援する気持ちを込めて刊行されました。本書は，2020 年度に実施された 3 回分の過去問を，日本語訳や詳しい解説とともに収録しています。

本書が皆さまの英検合格の足がかりとなり，さらには国際社会で活躍できるような生きた英語を身につけるきっかけとなることを願っています。

最後に，本書を刊行するにあたり，多大なご尽力をいただきました桐朋中学校・高等学校 田中敦英先生，田園調布雙葉小学校非常勤講師 相田眞喜子先生に深く感謝の意を表します。

2021年 秋

もくじ

Contents

執　　筆：[2020年度第3回，第2回]田中敦英（桐朋中学校・高等学校），
　　　　　[2020年度第1回]相田眞喜子（田園調布雙葉小学校非常勤講師）
編集協力：株式会社 カルチャー・プロ，山下鉄也
録　　音：ユニバ合同会社
デザイン：林 慎一郎（及川真咲デザイン事務所）
イラスト：鹿又きょうこ（P22～27，Web特典 英検受験の流れ）
　　　　　瀬々倉匠美子（口絵 予想問題，P19）
組版・データ作成協力：幸和印刷株式会社
問題作成協力：日本アイアール株式会社（予想問題）

本書の使い方

ここでは，本書の過去問および特典についての活用法の一例を紹介します。

本書の内容

| 過去問3回分 | 英検インフォメーション (P8-11) | 英検5級の試験形式とポイント (P12-15) | これだけは覚えたい！重要ポイント (P22-27) | はじめてのスピーキングテストガイド (P16-21) | Web特典 (P6-7) |

本書の使い方

一次試験対策

情報収集・傾向把握
- 英検インフォメーション
- 英検5級の試験形式とポイント
- 【Web特典】
  英検受験の流れ
  英検5級でよく出る英単語

過去問にチャレンジ
- 2020年度第3回
- 2020年度第2回
- 2020年度第1回
  ※【Web特典】自動採点サービスの活用

仕上げ
- これだけは覚えたい！　重要ポイント
- 【Web特典】
  これだけは覚えたい！　重要ポイント

スピーキングテスト

情報収集・傾向把握
- はじめてのスピーキングテストガイド

予想問題にチャレンジ
- 【Web特典】
  スピーキングテスト予想問題／解答例

過去問の取り組み方

1セット目

【実力把握モード】
本番の試験と同じように，制限時間を設けて取り組みましょう。どの問題形式に時間がかかりすぎているか，正答率が低いかなど，今のあなたの実力をつかみ，学習に生かしましょう。
「自動採点サービス」を活用して，答え合わせをスムーズに行いましょう。

2セット目

【学習モード】
制限時間をなくし，解けるまで取り組みましょう。
リスニングは音声を繰り返し聞いて解答を導き出してもかまいません。すべての問題に正解できるまで見直します。

3セット目

【仕上げモード】
試験直前の仕上げに利用しましょう。時間を計って本番のつもりで取り組みます。
これまでに取り組んだ3セットの過去問で間違えた問題の解説，「これだけは覚えたい！　重要ポイント」を本番試験の前にもう一度見直しましょう。

3

音声について

収録内容

付属CDでは，一次試験・リスニングの音声を聞くことができます。本書とともに使い，効果的なリスニング対策をしましょう。

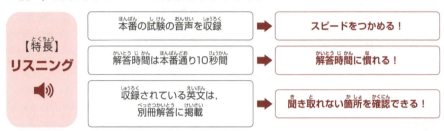

【特長】 リスニング 🔊	本番の試験の音声を収録 ➡	スピードをつかめる！
	解答時間は本番通り10秒間 ➡	解答時間に慣れる！
	収録されている英文は， 別冊解答に掲載 ➡	聞き取れない箇所を確認できる！

CD以外にも3つの方法で音声が聞けます！

 ① 公式アプリ（iOS/Android）でお手軽再生

［ご利用方法］

① 「英語の友」公式サイトより，アプリをインストール（上のQRコードから読み込めます）

　URL：https://eigonotomo.com/ 　[英語の友 🔍]

② アプリ内のライブラリよりご購入いただいた書籍を選び，「追加」ボタンを押してください

③ パスワードを入力すると，音声がダウンロードできます

　　［パスワード：misxay］ ※すべて半角アルファベット小文字

※本アプリの機能の一部は有料ですが，本書の音声は無料でお聞きいただけます。
※詳しいご利用方法は「英語の友」公式サイト，あるいはアプリ内のヘルプをご参照ください。
※2021年9月6日から2023年2月28日までご利用いただけます。
※本サービスは，上記ご利用期間内でも予告なく終了することがあります。

② パソコンで音声データダウンロード（MP3）

[ご利用方法]

①Web特典にアクセス
詳細は，P6をご覧ください。

②「一次試験音声データダウンロード」から聞きたい検定の回を選択して
ダウンロード

※音声ファイルはzip形式にまとめられた形でダウンロードされます。
※音声の再生にはMP3を再生できる機器などが必要です。ご使用機器，音声再生ソフト等に関する技術的なご質問は，ハードメーカーもしくはソフトメーカーにお願いいたします。

③スマホ・タブレットでストリーミング再生

[ご利用方法]

①自動採点サービスにアクセス（上のQRコードから読み込めます）
詳細は，P7をご覧ください。

②聞きたい検定の回を選び，リスニングテストの音声再生ボタンを押す

※音声再生中に音声を止めたい場合は，停止ボタンを押してください。
※個別に問題を再生したい場合は，問題番号を選んでから再生ボタンを押してください。
※音声の再生には多くの通信量が必要となりますので，Wi-Fi環境でのご利用をおすすめいたします。

Web特典について

購入者限定の「Web特典」を，皆さんの英検合格にお役立てください。

ご利用可能期間	**2021年9月6日～2023年2月28日** ※本サービスは予告なく変更，終了することがあります。	
アクセス方法	スマートフォンタブレット	右のQRコードを読み込むと，パスワードなしでアクセスできます！
	PCスマートフォンタブレット共通	1. Web特典（以下のURL）にアクセスします。 https://eiken.obunsha.co.jp/5q/ 2. 本書を選択し，以下のパスワードを入力します。 **misxay** ※すべて半角アルファベット小文字

＜特典内容＞

(1) 自動採点サービス
リーディング（筆記1～3），リスニング（第1部～第3部）の自動採点ができます。詳細はP7を参照してください。

(2) 解答用紙
本番にそっくりの解答用紙が印刷できるので，何度でも過去問にチャレンジできます。

(3) 英検受験の流れ
一次試験当日からスピーキングテストの受験の仕方までを解説したマンガが読めます。

(4) 音声データのダウンロード
一次試験リスニングの音声データ（MP3）を無料でダウンロードできます。

(5) これだけは覚えたい！　重要ポイント音声
「これだけは覚えたい！　重要ポイント」(P22)に対応した音声を聞くことができます。試験までに，覚えておきましょう。

(6) 英検5級でよく出る英単語
英検5級でよく出る英単語をリズムに乗せて学習できる音声と，その収録内容が掲載されたPDFファイルのセットです。「曜日」「月」「疑問詞」の25の単語を収録しています。

(7) スピーキングテスト
Web上で「はじめてのスピーキングテストガイド」に掲載されている予想問題（P19）を体験することができます。

自動採点サービスの利用方法

正答率や合格ラインとの距離，間違えた問題などの確認ができるサービスです。

ご利用可能期間	2021年9月6日～2023年2月28日 ※本サービスは予告なく変更，終了することがあります。	
アクセス方法	スマートフォンタブレット	右のQRコードを読み込んでアクセスし，採点する検定の回を選択してください。
	PC スマートフォン タブレット 共通	P6の手順で「Web特典」にアクセスし，「自動採点サービスを使う」を選択してご利用ください。

＜利用方法＞

① オンラインマークシートにアクセスします。
② 「問題をはじめる」ボタンを押して試験を始めます。
③ 「答え合わせ」ボタンを選択します。
④ 【あなたの成績】（右画面）が表示されます。

＜採点結果の見方＞

タブの選択で【あなたの成績】と【問題ごとの正誤】が切り替えられます。

【あなたの成績】

Ⓐ 技能ごとの正答率が表示されます。5級の合格の目安，正答率60%を目指しましょう。
Ⓑ 大問ごとの正答率が表示されます。合格ラインを下回る大問は，対策に力を入れましょう。
Ⓒ 採点サービス利用者の中でのあなたの現在位置が示されます。

【問題ごとの正誤】

各問題のあなたの解答と正解が表示されます。間違っている問題については色で示されますので，別冊解答の解説を見直しましょう。

＜採点結果画面＞ 切り替えタブ

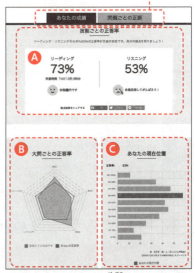

※画像はイメージです。

7

英検®Information インフォメーション

出典：英検ウェブサイト

英検5級について

5級では,「初歩的な英語を理解することができ,またそれを使って表現する」ことが求められます。
一次試験（筆記・リスニング）に加え,スピーキングテストも受験できます。
目安としては「中学初級程度」です。

試験内容

主な場面・状況	家庭・学校・地域(各種店舗・公共施設を含む)・電話など
主な話題	家族・友達・学校・趣味・旅行・買い物・スポーツ・映画・音楽・食事・天気・道案内・自己紹介・休日の予定・近況報告など

筆記 ⊘25分

問題	形式・課題詳細	問題数	満点スコア
1	短文の空所に文脈に合う適切な語句を補う。	15問	
2	会話文の空所に適切な文や語句を補う。	5問	425
3	日本文を読み，その意味に合うように与えられた語句を並べ替える。	5問	

リスニング ⊘約20分 放送回数は2回

問題	形式・課題詳細	問題数	満点スコア
第1部	会話の最後の発話に対する応答として最も適切なものを補う。(補助イラスト付き)	10問	
第2部	会話の内容に関する質問に答える。	5問	425
第3部	短文を聞いて，イラストの動作や状況を表すものを選ぶ。	10問	

💬 スピーキング ｜ ⏱約3分 ｜ コンピューター端末を利用した録音型面接

問題	形式・課題詳細	満点スコア
音読	20語程度のパッセージを読む。	
No.1 No.2	音読したパッセージの内容についての質問に答える。	425
No.3	日常生活の身近な事柄についての質問に答える。 （カードのトピックに直接関連しない内容も含む）	

※一次試験（筆記・リスニング）の合否に関係なく，申込者全員が受験できます。
※コンピューター端末を利用した録音形式です。
※受験日の指定はなく，有効期間は約1年間です。期間内に1度だけ受験できます。
※級認定は従来どおり，一次試験（筆記・リスニング）の結果のみで合否を判定します。スピーキングテストの結果は，これまでの級認定とは別に合格者に「スピーキングテスト合格」として認定されます。

✉ 英検協会スタッフからの応援メッセージ

People in many countries speak English. If you learn English, then you can make new friends. The EIKEN tests will help you. Practice and do your best!

たくさんの国の人々が英語を話します。英語を学べば，新しい友達をつくることができます。「英検」はみなさんの手助けになるでしょう。勉強して，ベストを尽くしてください！

合否判定方法

統計的に算出される英検CSEスコアに基づいて合否判定されます。Reading, Listening, Writing, Speakingの4技能が均等に評価され, 合格基準スコアは固定されています。

≫ 技能別にスコアが算出される!

技能	試験形式	満点スコア	合格基準スコア
Reading（読む）	一次試験（筆記）	425	
Listening（聞く）	一次試験（リスニング）	425	419
Writing（書く）	※5級では測定されません	ー	
Speaking（話す）	スピーキングテスト	425	266

● ReadingとListeningの技能別にスコアが算出され, それを合算して判定されます。
● Speakingは, 級の合否とは関係なく受験でき, スピーキングテスト単体で合否判定されます。

≫ 合格するためには, 技能のバランスが重要!

英検CSEスコアでは, 技能ごとに問題数は異なりますが, スコアを均等に配分しているため, 各技能のバランスが重要となります。なお, 正答数の目安を提示することはできませんが, 2016年度第1回一次試験では, 1級, 準1級は各技能での正答率が7割程度, 2級以下は各技能6割程度の正答率の受験者の多くが合格されています。

≫ 英検CSEスコアは国際標準規格CEFRにも対応している!

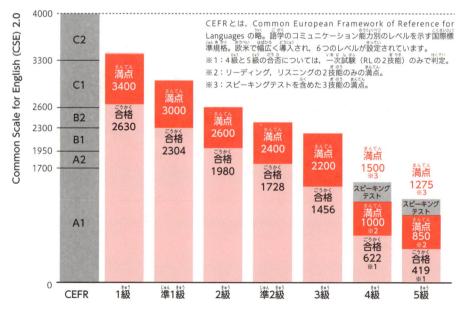

2021年度 受験情報

※「本会場」以外の実施方式については，試験日程・申込方法・検定料が異なりますので，英検ウェブサイトをご覧ください。

※ 受験情報は変更になる場合があります。

◎ 2021年度 試験日程

第1回	第2回	第3回
 終了	**申込受付** 8月1日 ▶ 8月27日	**申込受付** 11月1日 ▶ 12月10日
	一次試験 10月10日 (日)	**一次試験** 2022年 1月23日 (日)

スピーキングテスト	受験日の指定はなく，有効期間は申し込んだ回次の一次試験合否閲覧日から約1年間です。期間内に1度だけ受験できます。

◎ 申込方法

 団体受験 ▶ 学校や塾などで申し込みをする団体受験もあります。詳しくは先生にお尋ねください。

 個人受験 ▶ インターネット申込・コンビニ申込・英検特約書店申込のいずれかの方法で申し込みができます。詳しくは英検ウェブサイトをご覧ください。

◎ 検定料

2021年度の検定料については英検ウェブサイトをご覧ください。

お問い合わせ先

英検サービスセンター	英検ウェブサイト
TEL. 03-3266-8311	**www.eiken.or.jp/eiken/**
(月)〜(金) 9：30〜17：00 (祝日・年末年始を除く)	試験についての詳しい情報を見たり，入試等で英検を活用している学校の検索をすることができます。

英検®5級の試験形式とポイント

2021年1月に行われた2020年度第3回検定を分析し，出題傾向と攻略ポイントをまとめました。5級の合格に必要な正答率は6割程度と予測されます。正答率が6割を切った問題は苦手な分野だと考えて，重点的に対策をとりましょう。

一次試験 筆記（25分）

1	**適切な語句を選ぶ問題**	問題数 15問	目標時間 10分

短文または会話文の空所に入れるのに最も適切な語句を，4つの選択肢から選びます。単語が7問，熟語が5問，文法が3問出題されることが多いです。

> **(2)** Sam likes sports and can (　　　) very fast.
> **1** run　　**2** sleep　　**3** see　　**4** rain
>
> （2020年度第3回）

攻略ポイント
空所前後の語句とのつながりに注意して，文の意味が通じるか判断します。よく出題される単語，熟語や定型表現はしっかりとおさえておきましょう。文法は，代名詞・疑問詞・動詞の形などがよく出題されます。使い分けをきちんと覚えておきましょう。

2	**適切な会話表現を選ぶ問題**	問題数 5問	目標時間 7分

会話文の空所に入れるのに最も適切な文や語句を，4つの選択肢から選びます。日常会話でよく使われる表現が問われます。

> **(17)** *Girl:* Do you like my new skirt, Dad?
> *Father:* (　　　)
> **1** I'm fine.　　　　**2** You're welcome.
> **3** Yes, it's nice.　　**4** No, it's not.
>
> （2020年度第3回）

攻略ポイント
会話の場面を想像しながら，空所のあるほうの話者になったつもりで会話を読み，応答が自然に成り立つ発話を考えましょう。疑問文への答え方や，会話の定型表現の使い方をしっかりと覚えておきましょう。

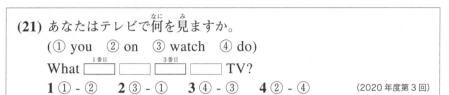

日本文の意味を表すように①〜④の語句を並べかえて英文を完成させ，1番目と3番目にくる組合せの番号を4つの選択肢から選びます。

(21) あなたはテレビで何を見ますか。

(① you　② on　③ watch　④ do)

What □(1番目) □ □(3番目) □ TV?

1 ① - ②　　**2** ③ - ①　　**3** ④ - ③　　**4** ② - ④

(2020 年度第 3 回)

攻略ポイント　肯定文・疑問文・否定文・命令文それぞれの語順をしっかり理解しておきましょう。主語と動詞の位置や疑問詞の位置，否定語の not の入る位置などに注意しましょう。every day「毎日」，after school「放課後に」などが入る位置もきちんと覚えておきましょう。英文を頭の中で言いながら，4つの□に番号を記入してから解答するとよいです。

一次試験　リスニング（約20分）

| 第1部 | 会話を完成させる問題 | 問題数 10問 | 放送回数 2回 |

イラストを見ながら英文を聞き，その文に対する応答として最もふさわしいものを，放送される3つの選択肢から選びます。

問題冊子　　　　　　　　　　　　放送文

No. 4

What day is it today, Dad?
1 It's windy.
2 It's Tuesday.
3 It's my calendar.

(2020 年度第 3 回)

攻略ポイント　さまざまな疑問文への答え方を問う問題がよく出題されます。What, Who, Where などの疑問詞で始まる質問への答え方や，Can you 〜?「〜できますか」などの質問への答え方をきちんと理解しておきましょう。質問文でないときも状況にふさわしい応答を考えます。イラストをよく見て英文を聞くようにしましょう。

会話とその内容に関する質問を聞き，その質問の答えを問題冊子に印刷された4つの選択肢から選びます。

問題冊子

No. 14

1 In September.
2 In October.
3 In November.
4 In December.

放送文

★ : Is the school festival in September?
☆ : No, it's in October.
Question: When is the school festival?

(2020 年度第 3 回)

★＝男性，☆＝女性

攻略ポイント 英文が流れる前に，選択肢に目を通しておきましょう。第2部にはイラストがないので，呼びかけの名前に注意して，だれとだれが話しているのか理解するようにします。1回目の放送で質問を聞き取り，2回目の放送では，質問の内容を理解した上で的を絞って会話を聞くとよいでしょう。

		問題数	放送回数
第3部	**イラストを見て適切な英文を選ぶ問題**	**10問**	**2回**

イラストを見ながら3つの英文を聞き，その中からイラストの動作や状況を正しく表しているものを選びます。

問題冊子

No. 19

放送文

1 Kathy goes to work at 6:05.
2 Kathy goes to work at 6:15.
3 Kathy goes to work at 6:50.

(2020 年度第 3 回)

攻略ポイント 時刻や曜日など時を表す表現，長さや重さ，値段など数字で表す表現，天気を表す表現，職業を表す表現，動作を表す表現，場所を表す表現などがよく出題されます。イラストに数字やカレンダーが描かれていたら，その数や日付の言い方を思い浮かべてから聞くようにすると，正確に聞き取る助けとなります。

スピーキングテスト（約３分） 録音形式

パソコンやタブレットなどのコンピューター端末から，インターネット上の受験専用サイトにアクセスして受験します。画面に表示された 20 語程度の英文とイラストを見て質問に答えます。くわしくは P16〜21 をご覧ください。

スピーキングテストの流れ

音読 ──────── 画面に表示された英文を黙読した後，音読します。

No. 1，No. 2 ──── 音読した英文の内容についての質問に答えます。

No. 3 ──────── 受験者自身についての質問に答えます。

攻略ポイント 音読は，制限時間内に読み終わるように気をつけて，タイトルからていねいにはっきりと読みましょう。質問には画面上の英文をよく見て答え，何について聞かれているのか，What，Who，How old などの疑問の表現を聞き逃さないようにしましょう。

英検®5級

Grade 5

はじめての
スピーキングテスト
ガイド

Web特典で体験できます！

英検5級のスピーキングテストがどのようなテストなのかを確認して，予想問題を解いてみましょう。

※問題見本と質問・満点解答例は，公益財団法人 日本英語検定協会の発表によるものです。

特長

1. 申込者全員が受験できる

一次試験の合否に関係なく，申込者全員が受験できます。

2. 録音形式で，いつでも・どこでも受験可能

コンピューター端末を活用した録音形式で，自宅や学校のパソコン，タブレットなどから，インターネット上の受験専用サイトにアクセスして受験します。受験日の指定はなく，申し込んだ回次の一次試験合否閲覧日から受験ができます。利用終了日は各回次の二次試験日から1年を経過した日までです。受験回数は1回の申し込みにつき1回のみです。

3. 合否は一次試験とは別に判定

スピーキングテストの結果は，一次試験の合否判定には使用されません。級認定とは別に「5級スピーキングテスト合格」として認定されます。

16

英文とイラストが画面上に提示され，それについて質問されます。
本番は以下の **1**〜**3** の流れで行われます。

Sam's Pet ┐ タイトル

Sam is 10 years old, and he has a dog. The dog's name is Lisa. Lisa is black. Sam likes Lisa. ┐ 英文

┐ イラスト

※上記四角の枠内が受験者に画面上で提示される情報です。

Questions

No. 1   Please look at the passage. How old is Sam?

No. 2   What color is Lisa?

No. 3   What animal do you like?

┐ 質問（画面上には表示されません）

英文の訳   **サムのペット**

サムは10歳で，イヌを1匹飼っています。そのイヌの名前はリサです。リサは黒いです。サムはリサが好きです。

1 音読

指示に従い，まず20秒で黙読します。黙読とは声を出さずに読むという意味です。あわてず心の中で読みましょう。発音のわからない単語があってもあきらめずに，文字からおおよその発音を想像するようにしましょう。黙読後，指示があったら，落ち着いてタイトルから音読します。意味をよく考え，相手に伝えるという気持ちで読みましょう。

17

No. 1

質問の訳 英文を見てください。サムは何歳ですか。

解答例 **He is 10 years old.**

解答例の訳 **彼は10歳です。**

解説 Ten. と数字の単語だけで答えてしまわずに，できるだけ He is を始めにつけて「文」で答えるようにしましょう。元の文は Sam is 10 years old. ですが，答えるときは Sam を He に置き換えることに注意します。名前だけで男の子か女の子かわからないときはイラストを参考にします。この問題ではイラストを見ると Sam が男の子だとわかります。日頃から，質問に対して文で答える練習をしておくと役に立ちます。

No. 2

質問の訳 リサは何色ですか。

解答例 **She is black.**

解答例の訳 **彼女は黒いです。**

解説 What color is ～? と聞かれたので「色」を答えます。元の英文の中で Lisa is black. が答えに当たる部分です。Lisa は女の子の名前なので，She is black. と答えるようにします。色を質問されたので，最も伝えたい black という単語を強く強調して言うように気をつけましょう。文の中でどのことばが一番大切か考えてそこを強く言うようにすると，言いたいことが伝わりやすくなります。

No. 3

質問の訳 あなたは何の動物が好きですか。

解答例 **I like lions.**

解答例の訳 **私はライオンが好きです。**

解説 　3問目はあなたについての質問です。質問をしっかり聞きます。What animal ～? と聞かれているので，好きな「動物」を答えます。動物の名前はカタカナ語でたくさん知っていますね。それぞれの英語での発音を確認しておきましょう。また動物のように1匹2匹などと数えられるものについて I like ～. と言うときは，I like dogs. のように複数形にすることにも注意します。音読したり話す練習をしたりするときは，単語や文の最後の音までていねいに発音するよう日頃から心がけておきましょう。

次の英文の黙読と音読を行ったあと，３つの質問に答えてください。

Peter's Bike

Peter is a student, and he has a bike. The bike is yellow.
Peter likes yellow. Peter goes to school by bike.

※上記四角の枠内が受験者に画面上で提示される情報です。

Questions

No. 1　Please look at the passage. Who is Peter?

No. 2　How does Peter go to school?

No. 3　What color do you like?

英文の訳 ピーターの自転車

ピーターは学生で，自転車を1台持っています。その自転車は黄色です。ピーターは黄色が好きです。ピーターは自転車で学校に行きます。

1 音読

音読をするときは，背筋を伸ばしお腹にたっぷり息を吸い込んでしっかり声を出します。忘れずにタイトルから読みましょう。単語ごとに切れ切れに読むのではなく，文を1つのまとまりとしてなめらかにつなげて読むように心がけましょう。文と文の間や，文の途中がカンマ〈,〉で区切られているところは，少し間を置いて読みましょう。

2 英文に関する質問   問題数：2問

No. 1

質問の訳 英文を見てください。ピーターはだれですか。

解答例 **He is a student.**

解答例の訳 **彼は学生です。**

解説 Who is Peter? は「ピーターはだれですか」という意味ですが，ここでは「どういう人物ですか」という意味です。最初の文に Peter is a student とあるので，He is a student. と答えます。Peter は男の子の名前なので，答えは He is で文を始めるようにしましょう。

No. 2

質問の訳 ピーターはどのように学校に行きますか。

解答例 **He goes to school by bike.**

解答例の訳 **彼は自転車で学校に行きます。**

解説 How は手段をたずねることばです。ピーターがどのように学校に行くか聞かれています。本文には Peter goes to school by bike. とあり，イラストを見ると男の子が自転車に乗っています。bike はここでは自転車のことです。Peter を He に置き換えて He goes to school by bike. と答えます。

No. 3

質問の訳　あなたは何色が好きですか。

解答例　**I like blue.**

解答例の訳　**私は青が好きです。**

解説　What color 〜? と聞かれているので、好きな「色」を答えます。you「あなた」についての質問なので、答えは I「私は」で始めます。色は複数形にできないので、I like blue. などと答えます。「色」の部分を少し強めて言うようにしましょう。blue「青」のほかには、pink「ピンク」、red「赤」、green「緑」などがあります。好きなものを聞かれたとき、複数形にするものとしないものがあるので気をつけましょう。好きな「動物」「色」「スポーツ」「科目」などを聞かれたときの答え方を練習しておくとよいでしょう。

重要ポイント

Web特典（P6）で音声が聞けます！

試験までに覚えておきたい単語・熟語・会話表現などの重要ポイントをまとめました。

☑ チェックのしかた

❶ **まずは，今の実力をチェック！**
過去問を解く前に，左側の□を使って知らなかったものをチェックし，今の実力を確認しましょう。

❷ **試験が近づいてきたら…**
試験前に，□を使って再度チェックします。1つ目の□にチェックが入っていたものは試験までにカンペキに覚え切りましょう！

※1〜4の見出し語（「人称代名詞」を除く）には，アメリカ発音のカタカナ読みがついています。これらはすべて，『マイスタディ英和辞典』（旺文社）に準じています。基本はカタカナで示していますが，日本語の発音にないものはひらがなになっています。また，一番強く発音する箇所は太字で表しています。カタカナ読みはあくまで目安です。

1 | 動詞

日常生活でよく使う基本的な動詞をおさえましょう。どれもよく出題されるので要チェックです。

□□ **do** ドゥー	（を）する，行う
□□ **like** らイク	を好む
□□ **have** ハヴ	を持っている，を食べる
□□ **go** ゴウ	行く
□□ **want** ワ(ー)ント	がほしい
□□ **live** りヴ	住む，生きる
□□ **eat** イート	（を）食べる
□□ **cook** クック	（を）料理する

□□ **come** カム	来る
□□ **watch** ワ(ー)ッチ	を注意して見る
□□ **know** ノウ	を知っている
□□ **open** オウプン	（を）開く
□□ **drink** ドゥリンク	を飲む
□□ **use** ユーズ	を使う
□□ **speak** スピーク	（を）話す
□□ **get** ゲット	を得る，着く

☐☐	**look** るック	見る	☐☐	**sleep** スリープ	眠る
☐☐	**take** テイク	を(手に)取る，〔乗物〕に乗る	☐☐	**help** へるプ	(を)助ける，手伝う

2 | 名詞

月の名前や曜日，身の回りの人や場所を英語で言えるようにしておきましょう。

▶月

☐☐	**January** ヂャニュエリィ	1月	☐☐	**July** ヂュらイ	7月
☐☐	**February** ふェビュエリィ	2月	☐☐	**August** オーガスト	8月
☐☐	**March** マーチ	3月	☐☐	**September** セプテンバァ	9月
☐☐	**April** エイプリる	4月	☐☐	**October** ア(ー)クトゥバァ	10月
☐☐	**May** メイ	5月	☐☐	**November** ノウヴェンバァ	11月
☐☐	**June** ヂューン	6月	☐☐	**December** ディセンバァ	12月

▶曜日

☐☐	**Monday** マンデイ	月曜日	☐☐	**Friday** ふライデイ	金曜日
☐☐	**Tuesday** トゥーズデイ	火曜日	☐☐	**Saturday** サタデイ	土曜日
☐☐	**Wednesday** ウェンズデイ	水曜日	☐☐	**Sunday** サンデイ	日曜日
☐☐	**Thursday** さ～ズデイ	木曜日			

▶時

☐☐	**time** タイム	時刻，時間	☐☐	**weekend** ウィーケンド	週末
☐☐	**today** トゥデイ	今日	☐☐	**month** マンす	月
☐☐	**day** デイ	日，1日	☐☐	**year** イア	年

▶人称代名詞

	主格（〜は）	所有格（〜の）	目的格（〜を）	所有代名詞（〜のもの）
私	□□ I	□□ my	□□ me	□□ mine
あなた，あなたたち	□□ you	□□ your	□□ you	□□ yours
彼	□□ he	□□ his	□□ him	□□ his
彼女	□□ she	□□ her	□□ her	□□ hers
それ	□□ it	□□ its	□□ it	—
私たち	□□ we	□□ our	□□ us	□□ ours
彼ら，それら	□□ they	□□ their	□□ them	□□ theirs

▶人

□□ **boy** ボイ	男の子	□□ **sister** スィスタァ	姉，妹
□□ **girl** ガ〜る	女の子	□□ **friend** ふレンド	友だち
□□ **father** ふァーザァ	父	□□ **family** ふァミリィ	家族
□□ **mother** マざぁ	母	□□ **teacher** ティーチャ	先生
□□ **brother** ブラざぁ	兄，弟	□□ **student** ストゥーデント	生徒

▶場所

□□ **school** スクーる	学校	□□ **store** ストー	店
□□ **station** ステイション	駅	□□ **supermarket** スーパマーケット	スーパーマーケット
□□ **kitchen** キチン	台所	□□ **library** らイブレリィ	図書館，図書室

3 | 形容詞

形容詞には名詞を修飾する働きがあります。

□□ **good** グッド	よい	□□ **many** メニィ	たくさんの，多数の
□□ **nice** ナイス	すてきな	□□ **much** マッチ	たくさんの，多量の
□□ **new** ヌー	新しい	□□ **big** ビッグ	大きい
□□ **old** オウるド	年とった，古い	□□ **tall** トーる	背の高い，(木・建物などが)高い

4 | 疑問詞

疑問詞はよく出題されます。またHow old 〜?のように〈疑問詞＋形容詞〉の形でもよく問われます。

□□ **what** (フ)ワット	何	□□ **who** フー	だれ
□□ **where** (フ)ウェア	どこに	□□ **whose** フーズ	だれの
□□ **how** ハウ	どうやって，どれくらい	□□ **why** (フ)ワイ	なぜ
□□ **when** (フ)ウェン	いつ	□□ **which** (フ)ウィッチ	どちら

5 | 熟語

熟語は2つ以上の単語で意味を成します。ひとかたまりにして覚えましょう。

□□ **be from 〜**	〜の出身である
□□ **look at 〜**	〜を見る
□□ **over there**	向こうに，あそこに
□□ **listen to 〜**	〜を聞く
□□ **a cup of 〜**	カップ1杯の〜
□□ **welcome to 〜**	〜へようこそ
□□ **go 〜ing**	〜しに行く

6 | 会話表現

日常会話でよく用いられる定型表現が出題されます。実際の会話の様子を思い浮かべながら, しっかり覚えましょう。

A：Does your brother like bananas?

A：あなたの弟さんはバナナが好きですか。

B：No, he doesn't.

B：いいえ, 好きではありません。

A：Can you make breakfast tomorrow, Dad?

A：明日朝ごはんを作れるかしら, お父さん？

B：Sure, I can.

B：ああ, 作れるよ。

A：Don't play baseball in the street.

A：路上で野球をしてはいけません。

B：I'm sorry.

B：ごめんなさい。

A：I'm going to sleep, Mom.

A：もう寝るね, お母さん。

B：Have a good night's sleep.

B：おやすみなさい。

26

☐☐

A：Excuse me. Where is this shopping mall?

A：すみません。このショッピングモールはどこにありますか。

B：On Beach Street.

B：ビーチ通^{どお}りですよ。

☐☐

A：Let's go to the library after school.

A：放課後^{ほう か ご}図書館^{と しょかん}に行^いきましょう。

B：Good idea! I have a lot of homework.

B：いいわね！　私^{わたし}はたくさん宿題^{しゅくだい}があります。

27

2020-3

2021.1.24 実施

試験時間

筆記：25分

リスニング：約20分

Grade 5

筆記　　　　　　　　P30〜36

リスニング　　　　　P37〜42

＊解答・解説は別冊P3〜20にあります。

1 次の(1)から(15)までの( )に入れるのに最も適切なものを 1, 2, 3, 4の中から一つ選び, その番号のマーク欄をぬりつぶしなさい。

(1) *A:* When do you usually have ( )?
   B: At 12:30. I eat it in my classroom.
   1 lunch   **2** hour   **3** study   **4** morning

(2) Sam likes sports and can ( ) very fast.
   1 run   **2** sleep   **3** see   **4** rain

(3) Jack is on the school tennis ( ).
   1 team   **2** pool   **3** box   **4** home

(4) *A:* What color do you like?
   B: I like ( ).
   1 trees   **2** music   **3** black   **4** birds

(5) *A:* I want a glass of ( ), Mom.
   B: Here you are, Tom.
   1 milk   **2** meat   **3** bread   **4** fish

(6) The eighth month of the year is (　　　).

    1 May   **2** June   **3** July   **4** August

(7) *A:* Where is your dog?

    B: He's (　　　) the chair.

    1 about   **2** to   **3** for   **4** under

(8) *A:* Bye, Peter.

    B: Bye, Sam. (　　　) you tomorrow.

    1 Read   **2** Use   **3** See   **4** Open

(9) Lucy plays tennis (　　　) school every day.

    1 with   **2** after   **3** on   **4** about

(10) My name is Linda Ford. I'm (　　　) Australia.

    1 from   **2** to   **3** out   **4** down

(11) *A:* How (　　　) is this swimming pool?

    B: It's 50 meters.

    1 old   **2** cold   **3** long   **4** young

(12) *A:* Look (   ) that bird, Mom.

  B: It's very pretty.

  1 at   **2** of   **3** with   **4** in

(13) *A:* (   ) phone is this?

  B: It's Bill's.

  1 When   **2** Where   **3** Whose   **4** How

(14) I have two brothers. (   ) names are Ben and Steve.

  1 My   **2** Your   **3** Our   **4** Their

(15) Please (   ) quiet in the library.

  1 be   **2** is   **3** am   **4** are

2 次の(16)から(20)までの会話について，（　　）に入れるのに最も適切なものを1, 2, 3, 4の中から一つ選び，その番号のマーク欄をぬりつぶしなさい。

(16) *Girl:* Hi, my name is Sally. （　　　）

Boy: My name is Bill.

1 What's your name?

2 How old are you?

3 Where's your house?

4 When's your birthday?

(17) *Girl:* Do you like my new skirt, Dad?

Father: （　　　　）

1 I'm fine.

2 You're welcome.

3 Yes, it's nice.

4 No, it's not.

(18) *Father:* Who is the letter from, Judy?

Girl: （　　　　）

1 It's from Grandma.

2 I like her.

3 To the station.

4 In Tokyo.

(19) *Girl 1:* What does your sister do on Saturdays?

Girl 2: (   )

1 Thank you very much.

2 She plays with her dog.

3 It's January 11.

4 It's in the afternoon.

(20) *Woman:* Are you a cook?

Man: (   ) I work at a Chinese restaurant.

1 I'm hungry.

2 I don't know.

3 Yes, please.

4 That's right.

次の(21)から(25)までの日本文の意味を表すように①から④までを並べかえて □ の中に入れなさい。そして，**1番目と3番目**にくるものの最も適切な組合せを**1, 2, 3, 4**の中から一つ選び，その番号のマーク欄をぬりつぶしなさい。※ただし，（ ）の中では，文のはじめにくる語も小文字になっています。

3

(21) あなたはテレビで何を見ますか。
（① you ② on ③ watch ④ do）
What [1番目 □] [□] [3番目 □] [□] TV?
1 ① - ②　**2** ③ - ①　**3** ④ - ③　**4** ② - ④

(22) ここで写真をとりましょう。
（① take ② picture ③ a ④ let's）
[1番目 □] [□] [3番目 □] [□] here.
1 ① - ②　**2** ① - ③　**3** ② - ③　**4** ④ - ③

(23) あなたの英語の先生はだれですか。
（① English ② is ③ who ④ your）
[1番目 □] [□] [3番目 □] [□] teacher?
1 ④ - ①　**2** ③ - ④　**3** ① - ②　**4** ② - ③

35

(24) 今, このプレゼントを開けてもいいですか。

(① open　② this present　③ can　④ I)

1番目		3番目	

now?

1 ③ - ①　　**2** ④ - ②　　**3** ③ - ②　　**4** ① - ③

(25) ロジャースさんは, 毎日朝食前に泳ぎます。

(① swims　② breakfast　③ before

④ Mr. Rogers)

1番目		3番目	

every day.

1 ② - ④　　**2** ① - ③　　**3** ④ - ③　　**4** ③ - ①

■リスニング■

5級リスニングテストについて

1　このテストには，第1部から第3部まであります。
　☆英文は二度放送されます。
　第1部：イラストを参考にしながら英文と応答を聞き，最も適
　　　　切な応答を1, 2, 3の中から一つ選びなさい。
　第2部：対話と質問を聞き，その答えとして最も適切なものを1,
　　　　2, 3, 4の中から一つ選びなさい。
　第3部：三つの英文を聞き，その中から絵の内容を最もよく表
　　　　しているものを一つ選びなさい。
2　No. 25のあと，10秒すると試験終了の合図がありますので，筆
　記用具を置いてください。

▌▌▌ 第1部 ▌▌▌▌▌▌▌▌▌▌　◀)) ▶MP3 ▶アプリ ▶CD **1**～**11**

〔例題〕

No. 1

No. 2

No. 3

No. 4

No. 5

No. 6

No. 7

No. 8

No. 9

No. 10

No. 11

1 At school.
2 At a restaurant.
3 In the kitchen.
4 In the bedroom.

No. 12

1 Cindy does.
2 Fred does.
3 Cindy's father does.
4 Fred's father does.

No. 13

1 The black one.
2 The blue one.
3 The red one.
4 The yellow one.

No. 14

1 In September.
2 In October.
3 In November.
4 In December.

No. 15

1 He watches TV.
2 He washes the dishes.
3 He does his homework.
4 He reads a book.

No. 16

No. 17

No. 18

No. 19

No. 20

No. 21

No. 22

No. 23

No. 24

No. 25

2020-2

2020.10.11 実施

試験時間

筆記：25分

リスニング：約20分

Grade 5

筆記	P44〜50
リスニング	P51〜56

＊解答・解説は別冊P21〜38にあります。

■筆　記■

(1) *A:* Paul, what do you need for school?
　　B: I need new pens and a (　　　), Mom.
　　1 bench　　　　　　**2** coin
　　3 notebook　　　　**4** week

(2) *A:* Your hat is (　　　). I like it.
　　B: Thanks.
　　1 pretty　　**2** fast　　**3** cold　　**4** slow

(3) I don't (　　　) dinner on Saturdays. I
　　always go to a restaurant with my family.
　　1 put　　**2** sell　　**3** cook　　**4** carry

(4) *A:* Do you like (　　　), Helen?
　　B: Yes. I like apples.
　　1 fruit　　**2** meat　　**3** bread　　**4** fish

(5) *A:* Let's play tennis this afternoon, Alice.

   B: Sorry. I have a piano (   ).

   1 story   **2** book   **3** chair   **4** lesson

(6) *A:* Tom, come on! It's (   ) for dinner.

   B: OK, I'm coming.

   1 day   **2** noon   **3** hour   **4** time

(7) In summer, I often go swimming in the

   (   ) at school.

   1 classroom   **2** door

   3 pool   **4** cafeteria

(8) This train goes from Nagoya (   ) Osaka.

   1 about   **2** off   **3** to   **4** down

(9) *A:* What do you do in the evening?

   B: I watch the news (   ) TV.

   1 on   **2** about   **3** in   **4** from

(10) *A:* How (   ) is this pencil case?

   B: It's 200 yen.

   1 long   **2** much   **3** many   **4** old

(11) *A:* See you, Mom.

B: (　　　) a good day, Kevin.

1 Go　　　**2** Take　　　**3** Live　　　**4** Have

(12) Lucy's mother comes home around seven every (　　　).

1 noon　　　**2** hour　　　**3** today　　　**4** night

(13) I play the piano, but my brother (　　　).

1 don't　　　**2** doesn't　　**3** isn't　　　**4** aren't

(14) Mr. Spencer (　　　) English at my school.

1 teach　　　**2** teaches　　**3** teaching　**4** to teach

(15) *A:* (　　　) is that young man?

B: He's Mr. Brown.

1 When　　　**2** Who　　　**3** Why　　　**4** How

2 次の(16)から(20)までの会話について，（　　　）に入れるのに最も適切なものを1, 2, 3, 4の中から一つ選び，その番号のマーク欄をぬりつぶしなさい。

(16) *Grandfather:* Happy birthday, Mary. （　　　）
　　　　　Girl: Thank you, Grandpa.
1 That's her cake.
2 I'm sorry.
3 This present is for you.
4 It's rainy.

(17) *Boy:* Do you have any pets?
　　Girl: Yes, （　　　） One dog and two birds.
1 I have three.　　　　**2** it's me.
3 at eight.　　　　　　**4** you're OK.

(18) *Woman:* Are you a junior high school
　　　　　　student?
　　Boy: （　　　）
1 Yes, I am.　　　　**2** Good morning.
3 I use the bus.　　　**4** I like science.

(19) *Sister:* What color is your new bag?
Brother: (   )
1 He's at home.   **2** It's four o'clock.
3 The room is clean.   **4** It's green.

(20) *Boy:* Hi, I'm Ken. I'm a new student.
Girl: (   ) Welcome to our school.
1 It's fine.   **2** Nice to meet you.
3 You can go.   **4** I enjoy it.

次の(21)から(25)までの日本文の意味を表すように①から④までを並べかえて ▢ の中に入れなさい。そして，1番目と3番目にくるものの最も適切な組合せを1, 2, 3, 4の中から一つ選び，その番号のマーク欄をぬりつぶしなさい。※ただし，( )の中では，文のはじめにくる語も小文字になっています。

3

(21) きょうは何曜日ですか。

(① what　② of　③ day　④ the week)

▢ ▢ ▢ ▢ is it today?

1番目　　　3番目

1 ② - ③　　**2** ① - ②　　**3** ③ - ①　　**4** ④ - ③

(22) 私達は私の家でポップコーンを作れます。

(① some popcorn　② we　③ make　④ can)

▢ ▢ ▢ at my house.

1番目　　　3番目

1 ④ - ②　　**2** ③ - ②　　**3** ② - ③　　**4** ① - ③

(23) この部屋で話さないでください。

(① this room　② don't　③ in　④ talk)

Please ▢ ▢ ▢ ▢ .

1番目　　　3番目

1 ② - ①　　**2** ② - ③　　**3** ④ - ③　　**4** ④ - ②

(24) あなたは次の日曜日はひまですか。

（① Sunday　② free　③ next　④ you）

Are 〔 1番目 〕〔 　 〕〔 3番目 〕〔 　 〕?

1 ④ - ③　　**2** ③ - ④　　**3** ② - ①　　**4** ① - ②

(25) あなたはどこで勉強しますか。

（① do　② you　③ study　④ where）

〔 1番目 〕〔 　 〕〔 3番目 〕〔 　 〕?

1 ④ - ②　　**2** ③ - ①　　**3** ① - ④　　**4** ② - ③

■リスニング■

5級リスニングテストについて

1　このテストには，第1部から第3部まであります。
　☆英文は二度放送されます。
　　第1部：イラストを参考にしながら英文と応答を聞き，最も適
　　　　　切な応答を1, 2, 3の中から一つ選びなさい。
　　第2部：対話と質問を聞き，その答えとして最も適切なものを1,
　　　　　2, 3, 4の中から一つ選びなさい。
　　第3部：三つの英文を聞き，その中から絵の内容を最もよく表
　　　　　しているものを一つ選びなさい。

2　No. 25のあと，10秒すると試験終了の合図がありますので，筆
　記用具を置いてください。

||||| 第1部 ||||| 🔊　▶MP3　▶アプリ　▶CD 29～39

〔例題〕

No. 1

No. 2

No. 3

No. 4

No. 5

No. 6

No. 7

No. 8

No. 9

No. 10

No. 11
1 On Friday.
2 On Saturday.
3 On Sunday.
4 On Monday.

No. 12
1 13.
2 23.
3 30.
4 33.

No. 13
1 Calling her friend.
2 Buying some food.
3 Making breakfast.
4 Cleaning the kitchen.

No. 14
1 The boy.
2 The boy's mother.
3 The girl.
4 The girl's mother.

No. 15
1 Basketball.
2 Volleyball.
3 Baseball.
4 Softball.

No. 16

No. 17

No. 18

No. 19

No. 20

No. 21

20年度第2回 リスニング

No. 22

No. 23

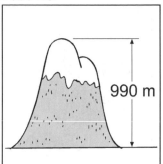

990 m

No. 24

No. 25

2020-1

2020.6.28実施

試験時間

筆記：25分

リスニング：約20分

Grade 5

筆記 　　　　　　P58〜64

リスニング 　　　P65〜70

＊解答・解説は別冊P39〜56にあります。

■筆 記■

1 次の(1)から(15)までの( )に入れるのに最も適切なものを1, 2, 3, 4の中から一つ選び, その番号のマーク欄をぬりつぶしなさい。

(1) My friend lives in Brazil. It's a nice
( ).
1 drum   **2** page   **3** country   **4** chalk

(2) *A:* Jane, do you know the ( ) of Snow White?
B: Yes, of course. I love it.
1 story   **2** letter   **3** rain   **4** clock

(3) ( ) is the tenth month of the year.
1 July   **2** August
3 September   **4** October

(4) *A:* What do you usually have for ( ), John?
B: Two eggs and toast.
1 breakfast   **2** cafeteria
3 morning   **4** sport

58

(5) I (   ) this dictionary at home.
     1 use   **2** know   **3** cook   **4** stop

(6) *A:* Do you play tennis, Yoko?
     B: Yes. This is my (   ).
     1 racket   **2** postcard   **3** fork   **4** eraser

(7) In winter, I ski in the (   ) with my family.
     1 rooms   **2** houses
     3 desks   **4** mountains

(8) *A:* Do you want a (   ) of tea?
     B: Yes, please.
     1 table   **2** cup   **3** chair   **4** fork

(9) *A:* I like Japanese music. (   ) about you?
     B: I like it, too.
     1 Who   **2** What   **3** Where   **4** Which

(10) *A:* Let's (   ) camping this summer, Dad.
      B: OK, Tom.
      1 take   **2** cook   **3** go   **4** wash

(11) *A:* Bob, let's have pizza for lunch.

    B: All (   ).

    1 right   **2** little   **3** happy   **4** new

(12) Nancy usually (   ) up around seven o'clock.

    1 gets   **2** knows   **3** sees   **4** sleeps

(13) *A:* Do you know that woman?

    B: Yes, I (   ). She's the new English teacher.

    1 do   **2** is   **3** am   **4** does

(14) *A:* What is Jack doing now?

    B: He (   ) in his room.

    1 sleeping   **2** is sleeping

    3 am sleeping   **4** are sleeping

(15) This dictionary isn't (   ).

    1 my   **2** I   **3** yours   **4** she

次の(16)から(20)までの会話について，(　　　　)に入れるのに最も適切なものを1, 2, 3, 4の中から一つ選び，その番号のマーク欄をぬりつぶしなさい。

(16) *Teacher:* What day is it today?
　Student: (　　　　)
　1 It's Tuesday.　　　**2** It's February.
　3 It's five o'clock.　　**4** It's sunny.

(17) *Father:* Please don't eat in the car, Beth.
　Girl: (　　　　) Dad.
　1 It's not his,　　　**2** I'm sorry,
　3 See you next time,　**4** I can't cook,

(18) *Girl:* What color is your new phone?
　Boy: (　　　　)
　1 It's cold.　　　**2** It's black.
　3 I'm good.　　　**4** About $200.

(19)　*Girl:* Can we go shopping today, Dad?
　Father: (　　　　)
　1 One, please.　　　**2** Of course.
　3 It's me.　　　**4** This year.

(20) *Mother:* I can't find the cat, Joe.

      Boy: (   ) Mom.

1 I'm happy,   **2** That's all,

3 She's in my room,   **4** It's tomorrow,

3 次の(21)から(25)までの日本文の意味を表すように①から④までを並べかえて □ の中に入れなさい。そして，1番目と3番目にくるものの最も適切な組合せを1，2，3，4の中から一つ選び，その番号のマーク欄をぬりつぶしなさい。※ただし，（ ）の中では，文のはじめにくる語も小文字になっています。

(21) 手伝ってくれてありがとう。
（① thank　② your　③ you　④ for）

□(1番目) □ □(3番目) □ help.

1 ②-①　　**2** ②-③　　**3** ③-④　　**4** ①-④

(22) 大阪は大都市です。
（① city　② a　③ big　④ is）

Osaka □(1番目) □ □(3番目) □.

1 ③-①　　**2** ①-②　　**3** ④-③　　**4** ②-①

(23) 自分の部屋へ行って宿題をしなさい。
（① go　② and　③ your room　④ to）

□(1番目) □ □(3番目) □ do your homework.

1 ②-④　　**2** ①-④　　**3** ①-③　　**4** ②-③

63

(24) 窓を閉めてくれますか。

(① the window　② close　③ can　④ you)

1番目 ☐ ☐ 3番目 ☐ ☐, please?

1 ③ - ②　　**2** ③ - ①　　**3** ④ - ①　　**4** ④ - ③

(25) 私の犬は 3 歳です。

(① is　② old　③ years　④ three)

My dog ☐ ☐ ☐ ☐.

1番目　　　3番目

1 ① - ③　　**2** ② - ①　　**3** ③ - ④　　**4** ③ - ①

▰ リスニング ▰

5級リスニングテストについて

1 このテストには，第1部から第3部まであります。
  ☆英文は二度放送されます。
  第1部：イラストを参考にしながら英文と応答を聞き，最も適
  切な応答を1, 2, 3の中から一つ選びなさい。
  第2部：対話と質問を聞き，その答えとして最も適切なものを1,
  2, 3, 4の中から一つ選びなさい。
  第3部：三つの英文を聞き，その中から絵の内容を最もよく表
  しているものを一つ選びなさい。
2 No. 25のあと，10秒すると試験終了の合図がありますので，筆
  記用具を置いてください。

▰▰▰ 第1部 ▰▰▰   ◀)) ▶MP3 ▶アプリ ▶CD 57 〜 67

〔例題〕

No. 1

No. 2

No. 3

No. 4

No. 5

No. 6

No. 7

No. 8

No. 9

No. 10

No. 11
1 To school.
2 To a game.
3 To his house.
4 To the movies.

No. 12
1 David's.
2 Peter's.
3 Emma's.
4 Emma's friend's.

No. 13
1 $2.00.
2 $2.06.
3 $2.16.
4 $2.60.

No. 14
1 She has a guitar lesson.
2 She has a trumpet lesson.
3 She has basketball practice.
4 She has softball practice.

No. 15
1 Some jam.
2 Some sugar.
3 Some salt.
4 Some fruit salad.

No. 16

No. 17

No. 18

No. 19

No. 20

No. 21

No. 22

No. 23

No. 24

No. 25

2021-2022年対応

文部科学省後援

直前
対策

英検®**5**級
3回過去問集

別冊解答

旺文社

文部科学省後援

直前対策 英検®**5**級
3回過去問集

別冊解答

旺文社

もくじ

Contents

2020-3

解答一覧

筆記

1

(1)	1	(6)	4	(11)	3
(2)	1	(7)	4	(12)	1
(3)	1	(8)	3	(13)	3
(4)	3	(9)	2	(14)	4
(5)	1	(10)	1	(15)	1

2

(16)	1	(18)	1	(20)	4
(17)	3	(19)	2		

3

(21)	3	(23)	2	(25)	3
(22)	4	(24)	1		

リスニング

第1部	No. 1	2	No. 5	1	No. 9	1
	No. 2	1	No. 6	2	No. 10	3
	No. 3	3	No. 7	1		
	No. 4	2	No. 8	2		

第2部	No. 11	3	No. 13	2	No. 15	1
	No. 12	4	No. 14	2		

第3部	No. 16	1	No. 20	1	No. 24	3
	No. 17	1	No. 21	3	No. 25	1
	No. 18	2	No. 22	3		
	No. 19	3	No. 23	2		

(1) 解答 **1**

訳
A：「あなたはふだん，いつ昼食を食べますか」
B：「12時30分です。私はそれを教室で食べます」

1 昼食 **2** 時間 **3** 勉強 **4** 朝

解説
Bが「12時30分」に「教室で食べます」と答えていることから，Aは何かを「いつ食べるのか」とたずねていることがわかります。「昼食」を表す**1**のlunchが正解です。Aの問いかけのhaveは「（食事）をとる，食べる」という意味で使われています。

(2) 解答 **1**

訳
「サムはスポーツが好きで，とても速く走ることができます」

1 走る **2** 眠る **3** 見る **4** 雨が降る

解説
前半で「スポーツが好き」と言っていて，空所の前後にcanとvery fastがあることから，とても速くすることができるような体の動きを表す動詞が入ります。「走る」という意味の**1**のrunが正解です。**4**のrainは，動詞としては「雨が降る」という意味です。

(3) 解答 **1**

訳
「ジャックは学校のテニスチームに入っています」

1 チーム **2** プール **3** 箱 **4** 家

解説
空所の前にschool「学校」とtennis「テニス」があることから，テニスチームのことを言っていると推測できます。**1**が正解です。be on the 〜 teamで「テニスや野球などのチームに入っている」という意味を表します。

(4) 解答 **3**

訳
A：「あなたは何色が好きですか」
B：「私は黒が好きです」

1 木 **2** 音楽 **3** 黒 **4** 鳥

解説 Aが色の好みをたずねているので，Bの返答の空所には，色の名前である**3**のblackが入ります。ほかの選択肢では，質問と答えがかみ合いません。

(5) 解答 **1**

訳 A：「牛乳をコップ1杯ほしいな，お母さん」

B：「はいどうぞ，トム」

1 牛乳　　　2 肉　　　3 パン　　　4 魚

解説 AがBにほしいものを言っています。空所の前にa glass of ～「コップ1杯の～」とあり，コップに入ったもの（液体）であることがわかるので，**1**が正解です。milkのほかに，a glass of water「コップ1杯の水」もよく使います。

(6) 解答 **4**

訳 「1年の8番目の月は8月です」

1 5月　　　2 6月　　　3 7月　　　4 8月

解説 eighthは「8番目の」という順番を表すことば（序数）です。月の名前は，日本語では「数字＋『月』」ですが，英語では個別の名前があります。繰り返し声に出して覚え，すぐにわかるようにしておきましょう。

(7) 解答 **4**

訳 A：「あなたのイヌはどこにいますか」

B：「その子はいすの下にいます」

1 ～について　　　　　2 ～へ

3 ～のために　　　　　4 ～の下に

解説 Aはイヌがいる場所をたずねています。選択肢のうち，居場所を表すのは**4**のunderだけです。**1**のaboutは話題などを，**2**のtoは行き先や目的地などを，**3**のforは目的や相手などを表します。

(8) 解答 **3**

訳 A：「さようなら，ピーター」

B：「さようなら，サム。また明日会いましょう」

1 ～を読む

5

2 〜を使う

3 （See you tomorrow. で）また明日会いましょう。

4 〜を開ける

解説 A と B の別れの場面です。B の Bye, Sam. に続くあいさつを考えると，**3** の See を入れれば自然な応答になります。see は「〜が目に入る，見える」という意味ですが，「（人）に会う」という意味で使うこともあります。

(9) 解答 **2**

訳 「ルーシーは毎日放課後にテニスをします」

1 〜といっしょに　　　　**2** （after school で）放課後に

3 〜の上で　　　　　　　**4** 〜について

解説 空所の直後に school があるので，これと組み合わせることができるものを考えます。**2** の after を使って after school とすると「学校の後で，放課後に」という意味になり，自然につながります。

(10) 解答 **1**

訳 「私の名前はリンダ・フォードです。私はオーストラリア出身です」

1 （I'm from 〜. で）私は〜出身です。

2 〜へ

3 外に

4 下へ

解説 自分の名前を名乗った後に，Australia「オーストラリア」と国名を続けていることから，出身地を言っていると推測できます。I'm from 〜 の後には，国名だけでなく，都道府県や町の名前などを続けることもできます。

(11) 解答 **3**

訳 A：「このプールはどのくらいの長さですか」

B：「50 メートルです」

1 古い　　**2** 冷たい　　**3** 長い　　**4** 若い

解説 B の返答から，A はプールの長さをたずねていると推測で

きます。How long ～? は「どのくらい長い～，どのくらいの長さ～」とたずねる表現です。How old ～? は年齢など，How cold ～? は冷たさや寒さをたずねるときにそれぞれ使います。how young は「どのくらいの若さ」という意味ですが，あまり使われません。

(12) 解答 **1**

訳　A：「あの鳥を見て，お母さん」

B：「とてもかわいいね」

1　（look at ～ で）～を見る　　**2**　～の

3　～といっしょに　　　　　　**4**　～の中で

解説　Look に続く適切なことばを選ぶ問題です。**1**の at には「～を目がけて」という意味があり，look at ～ で「～を目がけて視線を向ける」ということから「～を見る」という意味になるので，これが正解です。

(13) 解答 **3**

訳　A：「これはだれの電話ですか」

B：「それはビルのものです」

1　いつ　　　　　　　　　**2**　どこで

3　だれの　　　　　　　　**4**　どうやって

解説　B の Bill's は「ビルのもの」という意味で，具体的には「ビルの電話」ということです。B の返答から，A は持ち主をたずねていることがわかるので，**3**の Whose「だれの」が正解です。

(14) 解答 **4**

訳　「私には兄弟が2人います。彼らの名前はベンとスティーブです」

1　私の　　　　　　　　　**2**　あなたの

3　私たちの　　　　　　　**4**　彼らの

解説　正しい代名詞を選ぶ問題です。兄弟は2人なので，「彼らの」を表す**4**の Their が正解です。

(15) 解答 **1**

訳　「図書館では静かにしてください」

適切な be 動詞を選ぶ問題です。「～してください」と言うときには，please の後に動詞の原形を続けます。be 動詞の原形は be なので，**1** が正解です。

筆記 **2** | 問題編 P33～34

(16) 解答 **1**

訳　女の子：「こんにちは，私の名前はサリーよ。あなたの名前は何？」
男の子：「ぼくの名前はビルだよ」

1 あなたの名前は何？　　　　**2** あなたは何歳？
3 あなたの家はどこ？　　　　**4** あなたの誕生日はいつ？

解説　女の子が名乗った後の問いかけを考えます。男の子は自分の名前を言っているので，名前をたずねる **1** が自然につながります。**2**，**3**，**4** は名前の話題と関係がなく，つながりません。

(17) 解答 **3**

訳　女の子：「私の新しいスカート，いいと思う，お父さん？」
父親：「うん，すてきだね」

1 私は大丈夫だよ。　　　　　**2** どういたしまして。
3 うん，すてきだね。　　　　**4** いや，違うよ。

解説　女の子は新しいスカートについて父親に感想をたずねています。ここでの like は「～を気に入る，よいと思う」という意味です。返答として適切なのは **3** です。

(18) 解答 **1**

訳　父親：「その手紙はだれからだい，ジュディ？」
女の子：「おばあちゃんからよ」

1 おばあちゃんからよ。　　　**2** 私は彼女が好きよ。
3 駅へよ。　　　　　　　　　**4** 東京でよ。

解説　Who is ～ from? は「～はだれから（のもの）ですか」という意味です。これに対する適切な応答は **1** の It's from

Grandma. です。it はここでは手紙のことをさします。また，Grandma は「（自分の）おばあちゃん」という意味で，G を大文字にします。

(19) 解答 **2**

訳
女の子1：「あなたのお姉さん[妹さん]は毎週土曜日に何をするの？」
女の子2：「彼女はイヌと遊ぶのよ」

1　どうもありがとう。　　　　2　彼女はイヌと遊ぶのよ。
3　それは1月11日よ。　　　 4　それは午後にあるのよ。

解説
女の子1は，女の子2の姉[妹]が「何をするか」をたずねているので，返答としては，具体的にすることを答えている **2** が適切です。

(20) 解答 **4**

訳
女性：「あなたはコックさんですか」
男性：「そのとおりです。私は中国料理店で働いています」

1　私はおなかがすいています。　　2　私は知りません。
3　はい，お願いします。　　　　　4　そのとおりです。

解説
女性は男性がコックかどうかたずねています。男性は「中国料理店で働いています」と返答しているので，これに自然につながる選択肢は，相手の言ったことを「そのとおりです」と肯定する **4** の That's right. です。

| 筆　記 | **3** | 問題編 P35〜36 |

(21) 解答 **3**

正しい語順
What (do you watch on) TV?

解説
「何を〜しますか」とたずねるときには，疑問詞 what を文の最初に置きます。その後は〈do[does]＋主語＋動詞の原形〉の順で続けます。「テレビで」を表す on TV は最後に置きます。

(22) 解答 4

正しい語順 (Let's take a picture) here.

解説 「(いっしょに) 〜しましょう」と相手を誘うときには，〈Let's＋動詞の原形〉で文を始めます。「写真を撮る」は take a picture と言います。

(23) 解答 2

正しい語順 (Who is your English) teacher?

解説 「〜はだれですか」とたずねるときには，疑問詞 who を文の最初に置きます。その後は，〈be 動詞＋主語〉の順で続けます。この文では，your English teacher「あなたの英語の先生」がひとかたまりで主語になっています。

(24) 解答 1

正しい語順 (Can I open this present) now?

解説 疑問文なので，can を文の最初に置きます。その後には，〈主語＋動詞の原形〉を続けます。this present「このプレゼント」は，動詞の後に置きます。

(25) 解答 3

正しい語順 (Mr. Rogers swims before breakfast) every day.

解説 before breakfast「朝食前に」のような時間を表すことばは，〈主語＋動詞 (＋目的語)〉の後に置きます。

リスニング　第1部 | 問題編 P37〜39 🔊 ▶MP3 ▶アプリ ▶CD 1〜11

〔例題〕 解答 3

放送文 Is this your bag?

1　Sure, I can.　　　2　On the chair.
3　Yes, it is.

放送文の訳 「これはあなたのかばんですか」
1　ええ，ぼくはできます。　2　いすの上に。
3　はい，そうです。

No. 1　解答 ②

放送文
Let's go to the movies this afternoon.
1　I'm thirteen years old.
2　Good idea.
3　With my friend.

放送文の訳
「今日の午後，映画を見に行こうよ」
1　ぼくは13歳だよ。
2　いい考えだね。
3　友だちとだよ。

解説
go to the movies で「映画を見に行く」という意味です。女の子は男の子を映画に誘っているので，「いい考えだね」と応じている **2** が正解です。

No. 2　解答 ①

放送文
Hi, Lucy.　How are you today?
1　Fine, thanks.　　　2　You, too.
3　By bike.

放送文の訳
「やあ，ルーシー。今日の調子はどう？」
1　元気よ，ありがとう。　　　2　あなたもね。
3　自転車でよ。

解説
How are you? は，相手に気分や体調をたずねる表現です。応答として適切なのは，**1** の Fine, thanks. です。ほかに，I'm good, thank you. などのように応答することもできます。

No. 3　解答 ③

放送文
Is Ben from Toronto?
1　He's tall.　　　2　On the baseball team.
3　Yes, he is.

放送文の訳
「ベンはトロント出身なの？」
1　彼は背が高いよ。　　　2　野球チームにだよ。
3　うん，そうだよ。

解説
〈from＋場所の名前〉で「～出身で」という意味です。女

11

の子はベンがトロント出身かどうかをたずねているので, Yes で答えている **3** が正解です。トロントはカナダの都市の名前です。

No.4 解答 ②

放送文 What day is it today, Dad?

1 It's windy.

2 It's Tuesday.

3 It's my calendar.

放送文の訳 「今日は何曜日かな, お父さん？」

1 風が強いね。

2 火曜日だよ。

3 それは私のカレンダーだよ。

解　説 What day is ～? は「～は何曜日ですか」と曜日をたずねる表現なので, 曜日を答えている **2** が正解です。曜日をたずねるときには, What day of the week is ～? という表現を使うこともできます。日付をたずねるときには, What is the date today? と言います。

No.5 解答 ①

放送文 What do you drink at lunchtime?

1 Coffee.　　　　**2** That's nice.

3 Every day.

放送文の訳 「あなたはお昼ごはんのときに何を飲みますか」

1 コーヒーです。　　　　**2** それはいいですね。

3 毎日です。

解　説 男性は「何を飲むか」をたずねているので, 飲み物を答えている **1** が正解です。質問のはじめにある what, when などの疑問詞を聞き逃さないように, 集中して聞きましょう。

No.6 解答 ②

放送文 How is the weather there?

1 I'm here.　　　　**2** It's snowy.

3　It's Thursday.

放送文の訳

「そっちの天気はどう？」

1　私はここにいるよ。　　**2**　雪が降っているよ。
3　木曜日よ。

解　説

男の子はどんな天気かをたずねているので，天気を答えている**2**が正解です。there は「そちらでは」という意味で，ここでは電話の向こうの相手がいる場所をさしています。

No.7　解答 **1**

放送文

Does your father read the newspaper every day?

1　No, he doesn't.　　**2**　You're welcome.
3　He's 45.

放送文の訳

「あなたのお父さんは毎日新聞を読むの？」

1　いや，読まないよ。　　**2**　どういたしまして。
3　彼は 45 歳だよ。

解　説

〈Does＋主語＋動詞の原形〉で「～しますか」とたずねているので，No で答えている**1**が正解です。Does で始まる質問には，does または doesn't を使って答えるのが基本です。**2**や**3**では，会話がかみ合いません。

No.8　解答 **2**

放送文

This is my dog. His name is Spot.

1　No, I don't.　　**2**　His ears are cute.
3　Some water.

放送文の訳

「これは私のイヌです。彼の名前はスポットです」

1　いえ，私はしません。　　**2**　耳がかわいいですね。
3　水を少しです。

解　説

女性はイヌを紹介しているので，イヌの耳について言っている**2**が正解です。**1**や**3**では，かみ合わないやりとりになってしまいます。

No.9　解答 **1**

放送文

Do you like tennis?

1 Yes, it's a fun sport.

2 On March 5.

3 No, it's in my bag.

放送文の訳 「あなたはテニスが好き？」

1 うん，楽しいスポーツだよね。

2 3月5日にだよ。

3 いや，それはぼくのかばんの中にあるよ。

解説 女の子は Do you like ～?「～は好きですか」とたずねているので，Yes で答えている **1** が最も自然です。**2** は日付，**3** は場所を答えているので，不自然です。

No. 10 解答 ③

放送文 What are you reading, Mom?

1 At the bookstore. **2** In 20 minutes.

3 A letter from my friend.

放送文の訳 「何を読んでいるの，お母さん？」

1 本屋で。 **2** 20分後に。

3 友だちからの手紙よ。

解説 男の子は〈What are you＋～ing?〉で「何を～している（ところ）か」をたずねているので，読んでいるものが何かを答えている **3** が正解です。文の最初に疑問詞がくるときは，その疑問詞を聞き取れるかどうかが正しく理解するカギになります。

| リスニング | 第**2**部 | 問題編 P40 | 🔊 | ▶MP3 ▶アプリ ▶CD 12～17 |

No. 11 解答 ③

放送文 ☆：I'm home, Dad. Where's Mom?

★：She's making dinner in the kitchen, Sally.

Question: Where is Sally's mother?

放送文の訳 ☆：「ただいま，お父さん。お母さんはどこ？」

★：「台所で夕食を作っているよ，サリー」

質問の訳 「サリーの母親はどこにいますか」

選択肢の訳 1 学校に。 2 レストランに。
3 台所に。 4 寝室に。

解　説 場所を聞き取る問題ですが，She's making dinner「彼女は夕食を作っている」という情報も大きなヒントになります。会話の中の複数の語句がヒントになることがあるので，放送文はまんべんなく注意して聞きましょう。

No.12 解答 4

放送文 ☆：Do you play the violin, Fred?

★：No, Cindy. But my father does.

Question: Who plays the violin?

放送文の訳 ☆：「あなたはバイオリンを弾くの，フレッド？」

★：「いや，シンディ。でもぼくのお父さんは弾くよ」

質問の訳 「だれがバイオリンを弾きますか」

選択肢の訳 1 シンディが弾く。 2 フレッドが弾く。
3 シンディの父親が弾く。 4 フレッドの父親が弾く。

解　説 質問の Who plays 〜? は「だれが〜を弾きますか[演奏しますか]」という意味です。男の子の発言の does は plays the violin をさし，my father plays the violin「ぼくのお父さんはバイオリンを弾く」という意味になるので，4 が正解です。

No.13 解答 2

放送文 ☆：Which shirt do you want, Steve? The red one, or the blue one?

★：The blue one, Mom.

Question: Which shirt does Steve want?

放送文の訳 ☆：「どっちのシャツがほしい，スティーブ？　赤いの，それとも青いの？」

★：「青いのだよ，お母さん」

質問の訳 「スティーブはどちらのシャツがほしいですか」

15

選択肢の訳	**1** 黒いの。	**2** 青いの。
	3 赤いの。	**4** 黄色いの。

解説 色の名前を正しく聞き取る問題です。選択肢のうち red「赤い」と blue「青い」が会話に出てきますが，男の子が The blue one と言っているので，**2** が正解です。one はすでに話に出ているものをさすことばで，ここでは shirt のことです。

No.14 解答 ②

放送文
★：Is the school festival in September?
☆：No, it's in October.

Question: When is the school festival?

放送文の訳
★：「学校祭は9月にあるの？」
☆：「いえ，10月にあるわ」

質問の訳「学校祭はいつですか」

選択肢の訳	**1** 9月に。	**2** 10月に。
	3 11月に。	**4** 12月に。

解説 月の名前を正しく聞き取る問題です。選択肢のうち，September「9月」と October「10月」が会話に出てきますが，9月にあるかたずねられた女の子が No と否定して in October と答えているので，**2** が正解です。

No.15 解答 ①

放送文
☆：I do my homework before dinner.
★：Me, too. After dinner, I watch TV.

Question: What does the boy do after dinner?

放送文の訳
☆：「私は夕食前に宿題をするよ」
★：「ぼくもだよ。夕食の後，ぼくはテレビを見るんだ」

質問の訳「男の子は夕食後に何をしますか」

選択肢の訳	**1** 彼はテレビを見る。	**2** 彼は皿を洗う。
	3 彼は宿題をする。	**4** 彼は本を読む。

解説 質問は boy「男の子」が after dinner「夕食後に」何をするかなので，**1** が正解です。**3** の「宿題をする」は，男の

16

子と女の子の両方が夕食前にすることです。

リスニング **第3部** 問題編 P41〜42 🔊 ▶MP3 ▶アプリ ▶CD 18 〜 28

No.16 解答 1

放送文
1 You can't use a phone here.
2 You can't eat here.
3 You can't run here.

放送文の訳
1 ここでは電話を使うことができません。
2 ここでは食事をすることができません。
3 ここでは走ることができません。

解説
絵を見ると，携帯電話に禁止マークが付いているので，「携帯電話使用禁止」の掲示であることがわかります。それぞれの放送文の動詞 use，eat，run と phone「電話」を聞き取るのが正解のカギです。

No.17 解答 1

放送文
1 Mike is looking at a sheep.
2 Mike is looking at a horse.
3 Mike is looking at a pig.

放送文の訳
1 マイクはヒツジを見ています。
2 マイクはウマを見ています。
3 マイクはブタを見ています。

解説
絵では男の子がヒツジを見ているので，**1** が正解です。動物の名前を正しく聞き取りましょう。〈be 動詞＋〜ing〉で「〜している（ところだ）」と，現在していることを表します。ここでは，is looking at 〜 で「〜を見ている」という意味です。

No.18 解答 2

放送文
1 The boys are eating in the park.
2 The boys are playing in the park.

3 The boys are sitting in the park.

1 男の子たちは公園で食事をしています。

2 男の子たちは公園で遊んでいます。

3 男の子たちは公園ですわっています。

解説 絵を見ると，男の子たちが遊んでいるので **2** が正解です。3つの放送文の動詞の部分 eat, play, sit が〜ing の形になっていることに注意しましょう。

No. 19 解答 ③

放送文
1 Kathy goes to work at 6:05.

2 Kathy goes to work at 6:15.

3 Kathy goes to work at 6:50.

放送文の訳
1 キャシーは6時5分に仕事に出かけます。

2 キャシーは6時15分に仕事に出かけます。

3 キャシーは6時50分に仕事に出かけます。

解説 時刻を正しく聞き取る問題です。日頃から，時計を見て時刻を言えるように練習しましょう。この問題では，「分」を表す数字がポイントです。特に **fifteen**「15」と **fifty**「50」はアクセントの位置にも注意して聞き分けます。

No. 20 解答 ①

放送文
1 The cat is under the chair.

2 The cat is on the chair.

3 The cat is by the chair.

放送文の訳
1 ネコはいすの下にいます。

2 ネコはいすの上にいます。

3 ネコはいすのそばにいます。

解説 位置関係を表すことば（前置詞）を聞き取る問題です。under は「〜の下に」，on は「〜の上に，〜に接して」，by は「〜のそばに」という意味です。絵を見るとネコはいすの下にいるので，**1** が正解です。

No. 21 解答 3

放送文

1 The students have an English class this morning.
2 The students have an art class this morning.
3 The students have a math class this morning.

放送文の訳

1 生徒たちは今日の午前中に英語の授業があります。
2 生徒たちは今日の午前中に美術の授業があります。
3 生徒たちは今日の午前中に数学の授業があります。

解説

教科の名前を聞き取る問題です。絵では黒板に数式が書かれていて，数学の授業とわかります。正解は3でmath「数学」は，mathematicsを短くした形です。2のartは芸術一般をさすことばですが，教科の名前としては「美術」という意味です。

No. 22 解答 3

放送文

1 A rabbit is on the desk.
2 A rabbit is on the chair.
3 A rabbit is on the floor.

放送文の訳

1 ウサギが机の上にいます。
2 ウサギがいすの上にいます。
3 ウサギが床の上にいます。

解説

部屋の中の物の名前を聞き取る問題です。desk「机」，chair「いす」，floor「床」はそれぞれよく使われるので，声に出して覚えておきましょう。絵を見るとウサギは床の上にいるので，3が正解です。

No. 23 解答 2

放送文

1 Louise is in the computer club at school.
2 Louise is in the cooking club at school.
3 Louise is in the music club at school.

放送文の訳

1 ルイーズは学校でコンピューター部に入っています。
2 ルイーズは学校で料理部に入っています。
3 ルイーズは学校で音楽部に入っています。

解説

部活動の名前を聞き取る問題です。絵の中では女の子が料理

をしているので，cooking club「料理部」の **2** が正解です。「学校で〜部に入っている」は，be in the 〜 club at school と表すことができます。

No. 24 解答 ③

放送文
1 Please open your textbooks to page 107.
2 Please open your textbooks to page 117.
3 Please open your textbooks to page 170.

放送文の訳
1 教科書の 107 ページを開いてください。
2 教科書の 117 ページを開いてください。
3 教科書の 170 ページを開いてください。

解説
3桁以上の数字を正しく聞き取るには，下2桁を表す数字の言い方に慣れておく必要があります。特に seventeen「17」と seventy「70」はアクセントの位置の違いが聞き分けるポイントになるので，注意が必要です。

No. 25 解答 ①

放送文
1 Luke is taking a picture of some mountains.
2 Luke is taking a picture of some planes.
3 Luke is taking a picture of some buildings.

放送文の訳
1 ルークは山の写真を撮っています。
2 ルークは飛行機の写真を撮っています。
3 ルークは建物の写真を撮っています。

解説
物の名前を聞き取る問題です。絵の中では山の写真を撮っているので，**1** が正解です。また，**2** の plane「飛行機」は airplane を短くした形です。

2020-2

解答一覧

筆記

1

(1)	3	(6)	4	(11)	4
(2)	1	(7)	3	(12)	4
(3)	3	(8)	3	(13)	2
(4)	1	(9)	1	(14)	2
(5)	4	(10)	2	(15)	2

2

(16)	3	(18)	1	(20)	2
(17)	1	(19)	4		

3

(21)	2	(23)	2	(25)	1
(22)	3	(24)	1		

リスニング

第1部

No. 1	2	No. 5	3	No. 9	3
No. 2	3	No. 6	3	No. 10	1
No. 3	2	No. 7	2		
No. 4	3	No. 8	1		

第2部

No. 11	3	No. 13	3	No. 15	2
No. 12	4	No. 14	1		

第3部

No. 16	2	No. 20	1	No. 24	2
No. 17	3	No. 21	3	No. 25	1
No. 18	1	No. 22	2		
No. 19	3	No. 23	3		

(1) 解答 **3**

訳

A：「ポール，あなたは学校のために何が必要なの」

B：「新しいペンとノートが必要だよ，お母さん」

1 ベンチ **2** コイン **3** ノート **4** 週

解説

A は B にどんな学用品（学校で使うもの）が必要かをたずねているので，**3** の notebook「ノート」が適切です。B は必要なものとしてまず pens「ペン」と言っているので，ほかの選択肢ではそれと並ぶ学用品として不自然です。

(2) 解答 **1**

訳

A：「あなたの帽子はかわいいですね。私はそれが好きです」

B：「ありがとう」

1 かわいい **2** 速い **3** 冷たい **4** 遅い

解説

A が B の帽子についてコメントしていて，「それが好き」とほめていることがわかります。帽子をほめるときに使える形容詞は **1** の pretty だけなので，これが正解です。

(3) 解答 **3**

訳

「私は土曜日には夕食を作りません。いつも家族といっしょにレストランに行きます」

1 ～を置く **2** ～を売る

3 ～を作る **4** ～を運ぶ

解説

2つ目の文に「いつも家族といっしょにレストランに行く」とあることから，最初の文では「夕食を作らない」と言っていると推測できます。選択肢の中では **3** の cook「～を（火を通して調理して）作る」が適切です。

(4) 解答 **1**

訳

A：「果物は好きですか，ヘレン」

B：「はい。リンゴが好きです」

1 果物 **2** 肉 **3** パン **4** 魚

解説 Bの「リンゴが好きです」という返答から，Aは好きな果物をたずねていることがわかるので，**1**の fruit が正解です。日本語では「フルーツ」となりますが，「果物全般」を表すときには fruit は複数形にせず，単数形で使います。

(5) 解答 ④

訳 A：「今日の午後テニスをしようよ，アリス」

B：「ごめんなさい。ピアノのレッスンがあるの」

1 話　　　**2** 本　　　**3** いす　　　**4** レッスン

解説 Aの誘いに，Bは Sorry.「ごめんなさい」と答えているので，Bの2つ目の文は誘いに応じられない理由を言っていると推測できます。I have ～. は「（予定などが）ある」という意味で，空所に**4**の lesson を入れると「ピアノのレッスンがある」となり，誘いを断る自然な理由になります。

(6) 解答 ④

訳 A：「トム，おいで！　夕食の時間よ」

B：「わかった，今行くよ」

1 日　　　**2** 正午　　　**3** 1時間　　　**4** 時間

解説 Bの I'm coming は「（相手のところに）今行くよ」という意味です。この応答から，Aは夕食の時間だと言っているとわかります。正解は**4**の time で，It's time for ～で「～の時間です」という意味になります。なお，**3**の hour は「1時間（＝60分）」を表す語です。

(7) 解答 ③

訳 「夏には，私はよく学校のプールに泳ぎに行きます」

1 教室　　　**2** ドア　　　**3** プール　　　**4** カフェテリア

解説 go swimming は「泳ぎに行く」という意味です。夏に学校の中のどこで泳ぐかを考えると，**3**の pool がいちばん自然です。

(8) 解答 ③

訳 「この列車は名古屋から大阪まで行きます」

1	～について	**2**	～から離れて
3	**～まで**	**4**	～を下って

解説 空所の前後に地名があり，from は「～から」という意味であることから，「名古屋から大阪へ行く」という意味の文だとわかります。行先を表す**3**の to を入れれば意味が通ります。from A to B で「A から B へ」という意味です。

(9) 解答 ①

訳 A：「あなたは夕方に何をしますか」

B：「私はテレビでニュースを見ます」

1	**(on TV で) テレビで**	**2**	～について
3	～の中で	**4**	～から

解説 空所の後ろにある TV に注目します。「テレビで」と言うときは，on TV と on を使います。ほかに，「ラジオで」も on the radio と on を使うので，あわせて覚えておきましょう。

(10) 解答 ②

訳 A：「この筆箱はいくらですか」

B：「200円です」

1	長い	**2**	**(How much で) いくら**
3	たくさんの	**4**	古い

解説 B は値段を言っているので，A は筆箱の値段をたずねているとわかります。how much で「いくら」という意味で，値段をたずねるときに使います。How long ～? は長さ，How many ～? は数，How old ～? は年齢をたずねるときに，それぞれ使います。

(11) 解答 ④

訳 A：「行ってきます，お母さん」

B：「よい一日を，ケビン」

1 行く

2 ～を手に取る

3 住む

4 （Have a good day で）よい一日を

解　説 A の See you「またね」は別れのあいさつで，ここでは「行ってきます」にあたります。空所に **4** の Have を入れて Have a good day とすると「よい一日を」という意味になり，ここでは「いってらっしゃい」にあたる適切な表現になります。Have a good ～ . は，Have a good weekend.「よい週末を（過ごしてください）」などの表現でも使われます。

(12) 解答 **4**

訳 「ルーシーの母親は毎晩7時頃に帰宅します」
1　正午　　　　　　　　2　1時間
3　今日　　　　　　　　4　（every night で）毎晩

解　説 every は「毎～」という意味で，every night「毎晩」となる **4** が正解です。「毎日」と言うときには，today は使わず day を使って every day とします。

(13) 解答 **2**

訳 「私はピアノを弾きますが，兄[弟]は弾きません」

解　説 「私はピアノを弾く」と言った後，but「しかし」と続いているので，兄[弟]はピアノを弾かないことが推測できます。but 以下の主語が my brother と1人であることと，play は be 動詞ではないことから，**2** の doesn't が正解です。

(14) 解答 **2**

訳 「スペンサー先生は私の学校で英語を教えています」

解　説 動詞の正しい形を選ぶ問題です。現在の習慣を表すときには動詞の現在形を使います。主語は Mr. Spencer と1人なので，teach に es が付いた **2** の teaches が正解です。

(15) 解答 **2**

訳 A：「あの若い男性はだれですか」
B：「彼はブラウンさんです」
1　いつ　　　　2　だれ　　　　3　なぜ　　　　4　どうやって

適切な疑問詞を選ぶ問題です。Bが「彼はブラウンさんです」と答えているので，Aは若い男性が「だれなのか」をたずねたことがわかります。「だれ」を意味する **2** の Who が正解です。

筆 記	**2**	問題編 P47〜48

(16) 解答 ③

訳 祖父：「誕生日おめでとう，メアリー。このプレゼントは君のためのものだよ」

女の子：「ありがとう，おじいちゃん」

1 あれは彼女のケーキだよ。

2 ごめんね。

3 このプレゼントは君のためのものだよ。

4 雨が降っているね。

解説 「誕生日おめでとう」と言った後の発言を考えます。**2** や **4** は誕生日の話題と関係がなく，**1** では女の子の「ありがとう」という応答に自然につながりません。**3** の「このプレゼントは君のためのものだよ」なら，会話が自然につながります。

(17) 解答 ①

訳 男の子：「あなたは何かペットを飼っていますか」

女の子：「はい，3匹飼っています。1匹のイヌと2羽の鳥です」

1 3匹飼っています。　　**2** それは私です。

3 8時に。　　**4** あなたは大丈夫です。

解説 男の子は「ペットを飼っているか」をたずねているので，返答としては **1** が適切です。I have three. は，I have three pets. の pets が，繰り返しを避けるために省略されています。

(18) 解答 ①

訳 女性：「あなたは中学生ですか」

男の子：「はい，そうです」

1 はい，そうです。　　　　**2** おはようございます。
3 ぼくはバスを使います。　**4** ぼくは理科が好きです。

解説 junior high school は「中学校」という意味です。Are you ～?「あなたは～ですか」と聞かれたら，Yes の場合は Yes, I am. と，No の場合は No, I'm not. と答えます。

(19) 解答 **4**

訳 姉[妹]：「あなたの新しいかばんは何色なの？」
弟[兄]：「緑だよ」

1 彼は家にいるよ。　　　**2** 4時だよ。
3 部屋はきれいだよ。　　**4** 緑だよ。

解説 What color ～? は色をたずねる言い方なので，色を答えている **4** が正解です。ほかの選択肢は色と関係がなく，会話がつながりません。

(20) 解答 **2**

訳 男の子：「こんにちは，ぼくはケンです。新しい生徒です」
女の子：「はじめまして。私たちの学校へようこそ」

1 それでいいです。
2 はじめまして。
3 あなたは行ってもよいです。
4 私はそれを楽しみます。

解説 男の子が自己紹介をしています。これに対する女の子の応答としてふさわしいのは，**2** の Nice to meet you. です。文字通りには「あなたにお会いできてうれしいです」という意味で，初対面のあいさつに使います。

筆 記 **3** 問題編 P49～50

(21) 解答 **2**

(正しい語順) (What day of the week) is it today?

「曜日」は，「週の中の日」と考えて，day of the week と
言います。「何曜日」とたずねるときは，what の後に day
of the week を続けます。日付をたずねるときは What
is the date today? という表現を使います。あわせて覚
えておきましょう。

(22) 解答 ③

正しい語順　(We can make some popcorn) at my house.

解 説　英語の基本的な語順は〈主語（〜は）＋動詞（〜する）＋目的
語（〜を）〉なので，We の後に make，その後に some
popcorn がくることがわかります。また，「〜することが
できる」を表す can は動詞の直前に置くので，We can
make some popcorn の順番になります。

(23) 解答 ②

正しい語順　Please (don't talk in this room).

解 説　〈Don't＋動詞の原形〉で「〜してはいけません」という意
味になります。ここでは，前に Please が付いて，少してい
ねいな言い方になっています。in this room「この部屋
で」など場所を表すことばは，その後に続けます。

(24) 解答 ①

正しい語順　Are (you free next Sunday)?

解 説　疑問文なので，Are が文頭にきています。その後に主語の
you，そして「ひまな」という意味の free が続きます。
next Sunday「次の日曜日」のように時間を表す表現は，
その後に続けます。

(25) 解答 ①

正しい語順　(Where do you study)?

解 説　「どこで〜」とたずねるときは，場所を問う疑問詞 where
を文の最初に置きます。その後は，〈do＋主語＋動詞の原
形〉の順で続けます。

〔例題〕 解答 3

放送文 Is this your bag?
1 Sure, I can. 　　　2 On the chair.
3 Yes, it is.

放送文の訳 「これはあなたのかばんですか」
1 ええ，ぼくはできます。　2 いすの上に。
3 はい，そうです。

No.1 解答 2

放送文 Does your sister play the piano?
1 She's eleven. 　　　2 Yes, every day.
3 It's in her room.

放送文の訳 「あなたのお姉さん[妹さん]はピアノを弾きますか」
1 彼女は11歳です。　　2 はい，毎日。
3 それは彼女の部屋にあります。

解説 男の子は女の子の「姉[妹]がピアノを弾くかどうか」をたずねています。Does 〜? の質問には Yes または No で答えるのが基本なので，2 の Yes, every day. が正解です。

No.2 解答 3

放送文 Do you want some candy?
1 I like cooking. 　　　2 I'm sorry about that.
3 No, thank you.

放送文の訳 「キャンディーを少しいかがですか」
1 私は料理が好きです。　2 それは残念です。
3 いいえ，けっこうです。

解説 Do you want 〜? は「〜をほしいですか，いかがですか」と相手に物をすすめるときの表現です。応答として適切なのは，3 の No, thank you. です。相手のすすめを断るときは，No だけでなく thank you を加えるとていねいにな

29

ります。

No.3 　解答 ②

These flowers are from my garden.
1　You're welcome.　　2　Oh, they're pretty.
3　Let's go shopping.

放送文の訳　「これらの花はぼくの庭から取ってきたものだよ」
1　どういたしまして。　　2　わあ，きれいね。
3　買い物に行きましょう。

解説　男の子は女の子に花を見せながら話しているので，花について感想を言っている **2** が正解です。they're pretty の they は These flowers「これらの花」をさしています。**1** の You're welcome. は Thank you.「ありがとう」に対して「どういたしまして」と応じるときの表現なので，ここでは不自然です。

No.4 　解答 ③

放送文　How much is this T-shirt?
1　Yes, it is.　　　　2　You're welcome.
3　It's six dollars.

放送文の訳　「このTシャツはいくらですか」
1　はい，そうです。　　2　どういたしまして。
3　それは6ドルです。

解説　how much は「いくら」と値段をたずねるときに使う表現なので，値段を答えている **3** が正解です。dollar の発音は日本語の「ドル」と違うので，注意しましょう。

No.5 　解答 ③

放送文　Do you come to school by bus, Nancy?
1　Me, too.　　　　2　At school.
3　No, I come by bike.

放送文の訳　「君は学校へバスで来るの，ナンシー？」
1　私も。　　　　　　2　学校で。

3　いいえ，私は自転車で来るの。

解説　by bus は「バスで」という意味です。男の子は「バスで来るかどうか」をたずねています。Do you ～? の質問には Yes または No で答えるのが基本なので，No と答えている **3** が正解です。

No. 6　解答 ③

放送文　What do you want for lunch?

1　It's one o'clock.　　**2**　Yes, please.

3　Some sandwiches, please.

放送文の訳　「あなたはお昼ごはんに何がほしいですか」

1　1時です。　　　　**2**　はい，お願いします。

3　サンドイッチをいくつかお願いします。

解説　昼食に何がほしいか聞かれているので，Some sandwiches と食べ物の名前を答えている **3** が正解です。何かをお願いするときは，物の名前だけでなく，please を付け加えるとていねいな言い方になります。

No. 7　解答 ②

放送文　Whose flute is that?

1　Over there.　　　　**2**　My sister's.

3　On the table.

放送文の訳　「あれはだれのフルートですか」

1　あそこです。　　　　**2**　ぼくの姉[妹]のです。

3　テーブルの上です。

解説　whose は「だれの」という意味の疑問詞なので，だれのものかを答えている **2** が正解です。my sister's は「私の姉[妹]のもの」という意味で，ここでは my sister's flute をさします。

No. 8　解答 ①

放送文　Can your children swim well?

1　Yes, they can.　　　**2**　It's by the pool.

3　No, I'm not.

31

放送文の訳 「あなたのお子さんたちは上手に泳げますか」

1 はい，できます。　　　**2** それはプールのそばです。

3 いいえ，私は違います。

解　説 Can ～? と聞かれたら，can を使って答えるのが基本です。ここでは Can の後の主語が your children「あなたの子どもたち」と複数なので，答えるときは Yes, they can.「はい，彼らはできます」もしくは No, they can't.「いいえ，彼らはできません」と they を使って答えます。

No.9　解答　**3**

放送文 My birthday is in March.

1 It's this afternoon.　　**2** A birthday cake.

3 Mine is in September.

放送文の訳 「私の誕生日は3月なの」

1 それは今日の午後だよ。　　**2** 誕生日ケーキだよ。

3 ぼくのは9月だよ。

解　説 **3**の mine「ぼくのもの」は，女の子の発言への応答なので my birthday「ぼくの誕生日」を指しています。この**3**が最も自然な答えです。**1**は，「それ（＝女の子の誕生日）は今日の午後です」という答えになるので，不自然です。

No.10　解答　**1**

放送文 Where's your umbrella?

1 In Dad's car.　　　　**2** My friend.

3 After school.

放送文の訳 「あなたのかさはどこにあるの？」

1 お父さんの車の中に。　　**2** ぼくの友だち。

3 放課後に。

解　説 where で場所をたずねているので，場所を答えている**1**が正解です。文の最初に疑問詞がくるときは，その疑問詞を聞き取れるかどうかがカギになるので，文の最初の部分を集中して聞きましょう。

No.11 解答 3

<放送文> ☆：Peter, can you come to my party on Sunday?

★：Yes, Lisa. See you then.

Question: When is Lisa's party?

<放送文の訳> ☆：「ピーター，あなたは日曜日に私のパーティーに来られる？」

★：「うん，リサ。そのとき会おう」

<質問の訳> 「リサのパーティーはいつですか」

<選択肢の訳> **1** 金曜日に。　　　　**2** 土曜日に。
3 日曜日に。　　　　**4** 月曜日に。

<解説> 女の子（＝リサ）は on Sunday「日曜日に」と言っているので，**3** が正解です。曜日の名前は，聞いてすぐ何曜日かわかるように練習しておきましょう。

No.12 解答 4

<放送文> ☆：How many students are in your class, Mike?

★：There are thirty-three.

Question: How many students are in Mike's class?

<放送文の訳> ☆：「あなたのクラスには何人の生徒がいるの，マイク？」

★：「33人いるよ」

<質問の訳> 「マイクのクラスには何人の生徒がいますか」

<選択肢の訳> **1** 13人。　　**2** 23人。　　**3** 30人。　　**4** 33人。

<解説> 数字の聞き取りの問題です。There are ～ は「～がいる，～がある」という意味で，マイクは There are thirty-three.「33（人の生徒）がいる」と答えています。選択肢の数字を見てすぐに読み方が頭に浮かぶよう，ふだんから身の回りの数字を英語で言う練習をしておきましょう。

No.13 解答 3

<放送文> ★：What are you making, Kelly?

☆：Some pancakes for breakfast, Dad.

Question: What is Kelly doing?

放送文の訳 ★：「何を作っているの，ケリー？」

☆：「朝ごはんのためのパンケーキよ，お父さん」

質問の訳 「ケリーは何をしていますか」

選択肢の訳 **1** 彼女の友だちに電話している。

2 食べ物を買っている。

3 朝食を作っている。

4 台所を掃除している。

解　説 〈be 動詞＋〜ing〉で「〜している（ところだ）」という意味になります。for breakfast は「朝食のために」という意味です。何を作っているかという質問に対して，ケリーは朝食のためのパンケーキと答えているので，**3** が正解です。

No.14 解答 **①**

放送文 ☆：I go to the park with my mom every Sunday.

★：I go there on Saturdays.

Question: Who goes to the park on Saturdays?

放送文の訳 ☆：「私は毎週日曜日にお母さんといっしょに公園へ行くの」

★：「ぼくは毎週土曜日にそこへ行くよ」

質問の訳 「だれが毎週土曜日に公園に行きますか」

選択肢の訳 **1** 男の子。　　　　　　**2** 男の子の母親。

3 女の子。　　　　　　**4** 女の子の母親。

解　説 質問の Who goes to 〜? は「だれが〜へ行きますか，〜へ行くのはだれですか」という意味です。男の子は，I go there on Saturdays.「ぼくは毎週土曜日にそこに行く」と言っているので，**1** が正解です。この there「そこへ」は「公園へ」ということです。

No.15 解答 **②**

放送文 ★：Do your brothers like sports?

☆：Yes. Paul likes volleyball, and Fred likes baseball and basketball.

Question: What sport does Paul like?

| 放送文の訳 | ★：「あなたの兄弟_{きょうだい}はスポーツが好_すきですか」 |

☆：「はい。ポールはバレーボールが好_すきで，フレッドは野球_{やきゅう}とバスケットボールが好_すきです」

| 質問の訳 | 「ポールは何_{なん}のスポーツが好_すきですか」 |

| 選択肢の訳 | **1** バスケットボール。　　**2** バレーボール。
3 野球_{やきゅう}。　　　　　　**4** ソフトボール。 |

| 解　説 | 人_{ひと}の名前_{なまえ}とスポーツの名前_{なまえ}を正_{ただ}しく聞_きき取_とる問題_{もんだい}です。volleyball は，日本語_{にほんご}の「バレーボール」よりも「ヴァリボー」に近_{ちか}い発音_{はつおん}なので，気をつけましょう。 |

リスニング　第3部　問題編 P55～56　

No.16 解答 ②

| 放送文 | **1** Victoria is using chopsticks.
2 Victoria is using a fork.
3 Victoria is using a knife. |

| 放送文の訳 | **1** ビクトリアははし_{つか}を使_{つか}っています。
2 ビクトリアはフォークを使_{つか}っています。
3 ビクトリアはナイフを使_{つか}っています。 |

| 解　説 | 絵_えを見_みると，女_{おんな}の子_こがフォークを使_{つか}って食_たべ物_{もの}を取_とろうとしています。〈be 動詞_{どうし}＋～ing〉で「～している（ところだ）」を表_{あらわ}し，ここでは is using で「使_{つか}っている」という意味_{いみ}です。放送_{ほうそう}を聞_きく前_{まえ}に絵_えを見_みておくと，集中_{しゅうちゅう}して選択肢_{せんたくし}を聞_きくことができます。 |

No.17 解答 ③

| 放送文 | **1** Miho is painting a picture.
2 Miho is writing an e-mail.
3 Miho is reading a magazine. |

| 放送文の訳 | **1** ミホは絵_えを描_かいています。
2 ミホは E メールを書_かいています。 |

3 ミホは雑誌を読んでいます。

解説　絵を見ると，女性が雑誌を読んでいるとわかります。3つの放送文の動詞の部分（painting, writing, reading）を確実に聞き取るのが正解のカギです。

No.18 解答 ①

放送文
1 Matt goes to bed at eight every day.
2 Matt comes home at eight every day.
3 Matt goes to school at eight every day.

放送文の訳
1 マットは毎日8時に寝ます。
2 マットは毎日8時に帰宅します。
3 マットは毎日8時に学校に行きます。

解説　絵の中の時計は8時で，男の子は寝ているので，go to bed「寝る，布団に入る」という表現を使った1が正解です。主語が Matt と1人なので，go が goes となっていることにも注意して聞き取りましょう。

No.19 解答 ③

放送文
1 Ms. Carter is eating a pizza.
2 Ms. Carter is buying a pizza.
3 Ms. Carter is cutting a pizza.

放送文の訳
1 カーターさんはピザを食べています。
2 カーターさんはピザを買っています。
3 カーターさんはピザを切っています。

解説　絵では，女性がピザを切っています。「～している（ところだ）」を表す〈be 動詞＋～ing〉の形に慣れておきましょう。3つの放送文は動詞（eating, buying, cutting）の部分だけが違うので，そこに注意して聞きます。

No.20 解答 ①

放送文
1 Jim is looking at a bike.
2 Jim is riding a bike.
3 Jim is washing a bike.

放送文の訳　**1** ジムは自転車を見ています。

2 ジムは自転車に乗っています。

3 ジムは自転車を洗っています。

解説　絵の中の男の子は，自転車を見ています。look at ～ で「～を見る」という意味です。looking at と言っている **1** が正解です。

No.21 解答 ③

放送文　**1** It's 12:25.　　**2** It's 12:35.

3 It's 12:55.

放送文の訳　**1** 12時25分です。　　**2** 12時35分です。

3 12時55分です。

解説　時刻を正しく聞き取る問題です。日ごろから，時計を見て時刻が言えるように練習しておきましょう。この問題では，「分」の十の位を表す twenty，thirty，fifty を聞き取れたかどうかが正解の決め手です。

No.22 解答 ②

放送文　**1** The banana is on the cup.

2 The banana is by the cup.

3 The banana is in the cup.

放送文の訳　**1** バナナはカップの上にあります。

2 バナナはカップのそばにあります。

3 バナナはカップの中にあります。

解説　位置を表すことば（前置詞）を聞き取る問題です。on は「～の上に」，by は「～のそばに」，in は「～の中に」という意味です。絵を見るとバナナはカップのすぐ横にあるので，**2** が正解です。

No.23 解答 ③

放送文　**1** The mountain is 909 meters high.

2 The mountain is 919 meters high.

3 The mountain is 990 meters high.

放送文の訳

1 その山は909メートルの高さです。
2 その山は919メートルの高さです。
3 **その山は990メートルの高さです。**

解説
3桁以上の数字を正しく聞き取るには，下2桁を表す数字の言い方に十分慣れておく必要があります。特に **nine**teen「19」は後半に，**nine**ty「90」は前半にアクセントがあるので，アクセントの位置に注意して聞き取るようにします。

No.24 解答 ❷

放送文

1 Jason's mouse is on his hand.
2 Jason's mouse is on his head.
3 Jason's mouse is on his leg.

放送文の訳

1 ジェイソンのネズミは彼の手の上にいます。
2 **ジェイソンのネズミは彼の頭の上にいます。**
3 ジェイソンのネズミは彼の脚の上にいます。

解説
体の部分の言い方を聞き取る問題です。hand「手」，head「頭」，leg「脚」のほかに，arm「腕」や foot「足（足首から下の部分）」，shoulder「肩」なども覚えておきましょう。

No.25 解答 ❶

放送文

1 Lucy and Mark are at the beach.
2 Lucy and Mark are at the bookstore.
3 Lucy and Mark are at the bank.

放送文の訳

1 **ルーシーとマークは浜辺にいます。**
2 ルーシーとマークは書店にいます。
3 ルーシーとマークは銀行にいます。

解説
場所を聞き取る問題です。絵には海が描かれているので**1**が正解です。beach は「ビーチサンダル」などの日本語とのつながりで覚えておきましょう。また，bookstore は book「本」と store「店」が合わさってできている単語です。あわてず，落ち着いて聞き取りましょう。

2020-1

解答一覧

筆記

1

(1)	3	(6)	1	(11)	1
(2)	1	(7)	4	(12)	1
(3)	4	(8)	2	(13)	1
(4)	1	(9)	2	(14)	2
(5)	1	(10)	3	(15)	3

2

(16)	1	(18)	2	(20)	3
(17)	2	(19)	2		

3

(21)	4	(23)	3	(25)	1
(22)	3	(24)	1		

リスニング

第1部

No. 1	1	No. 5	3	No. 9	2
No. 2	2	No. 6	3	No. 10	3
No. 3	1	No. 7	2		
No. 4	1	No. 8	1		

第2部

No. 11	4	No. 13	4	No. 15	1
No. 12	2	No. 14	1		

第3部

No. 16	3	No. 20	3	No. 24	2
No. 17	3	No. 21	2	No. 25	1
No. 18	1	No. 22	1		
No. 19	2	No. 23	1		

(1) 解答 **3**

訳 「私の友だちはブラジルに住んでいます。それはすてきな国です」

1 たいこ　　**2** ページ　　**3** 国　　**4** チョーク

解説 最初の文に「ブラジルに住んでいる」とあるので，次の文はブラジルのことを話しているのだと考えられます。ブラジルは国の名前なので，**3** の「国」を空所に入れると自然につながります。

(2) 解答 **1**

訳 A：「ジェーン，白雪姫の話を知っていますか」

　　B：「ええ，もちろん。大好きです」

1 話　　　**2** 手紙　　**3** 雨　　　**4** 時計

解説 Snow White は「白雪姫」です。A は B に「白雪姫」の何かを「知っていますか」と質問しているので，選択肢の中で当てはまるのは **1** の story「話，物語」です。

(3) 解答 **4**

訳 「10月は1年で10番目の月です」

1 7月　　　**2** 8月　　　**3** 9月　　　**4** 10月

解説 月の名前の問題はよく出題されます。1月から順番に言わなくても，どの月の言い方もすぐわかるようにしておきましょう。

(4) 解答 **1**

訳 A：「あなたはふだん朝食に何を食べますか，ジョン」

　　B：「卵を2個とトーストです」

1 朝食　　　　　　　　　**2** カフェテリア

3 朝　　　　　　　　　　**4** スポーツ

解説 B の答えから，食べ物の話だとわかります。空所の前に for があることに注目します。for breakfast で「朝食に」という意味になるので **1** が正解です。「朝に」であれば in the morning.「カフェテリアで」であれば in the cafeteria と言うので，for に続く空所に入れることはできません。

(5) 解答 **1**

訳　「私は家でこの辞書を使います」

1　〜を使う　　　　　　　**2**　〜を知っている
3　〜を料理する　　　　　**4**　〜を止める

解説　at home は「家で」，dictionary は「辞書」という意味です。「辞書」について話しているので，空所に入れられるのは **1** の use「〜を使う」です。

(6) 解答 **1**

訳　A：「あなたはテニスをしますか，ヨウコ」
B：「はい。これは私のラケットです」

1　ラケット　**2**　はがき　　**3**　フォーク　**4**　消しゴム

解説　A と B が何について話しているかを読み取ることが大切です。ここでは tennis「テニス」について話しています。A の質問に対して B は Yes.「はい（テニスをします）」と答えているので，**1** の racket「ラケット」を入れるのが適切です。

(7) 解答 **4**

訳　「冬に，私は家族と山でスキーをします」

1　部屋　　　**2**　家　　　**3**　机　　　**4**　山

解説　「冬に家族とスキーをする」場所としては **4** しか当てはまりません。「山で」というときはふつう in the mountains と mountain を複数形にします。

(8) 解答 **2**

訳　A：「お茶を1杯ほしいですか」
B：「はい，お願いします」

1　テーブル　　　　　　　**2**　（a cup of 〜で）1杯の〜
3　いす　　　　　　　　　**4**　フォーク

解説　a cup of tea で「（カップ）1杯のお茶」という意味です。

主に温かい飲み物を1杯と言うときは a cup of 〜 と言います。冷たい飲み物のときは a glass of water「(グラス) 1杯の水」のように a glass of 〜 と言います。あわせて覚えておきましょう。

(9) 解答 2

訳　A：「私は日本の音楽が好きです。あなたはどうですか」

B：「私も好きです」

1　だれ　　　　2　(What about 〜? で) 〜はどうですか

3　どこ　　　　4　どれ

解説　B の返答 I like it, too.「私もそれが好きだ」に注目します。この it は A の最初の発話に出てきた Japanese music「日本の音楽」のことです。空所に What を入れて, What about you?「あなたはどうですか」とすると意味が通ります。

(10) 解答 3

訳　A：「今年の夏はキャンプに行こうよ, お父さん」

B：「いいよ, トム」

1　〜を取る　　　　　　　　2　〜を料理する

3　(go＋〜ing で) 〜しに行く　4　〜を洗う

解説　空所の後に camping があることに注目します。go を入れて, go camping「キャンプに行く」という意味にします。〈go＋〜ing〉は「〜しに行く」という意味です。ほかに go swimming「泳ぎに行く」, go shopping「買い物に行く」なども覚えておきましょう。

(11) 解答 1

訳　A：「ボブ, お昼ごはんにピザを食べようよ」

B：「いいよ」

1　(All right で) いいよ

2　小さい

3　幸せな

4　新しい

解説　Let's 〜. は「いっしょに〜しよう」と誘う表現です。All right. は「いいですよ，わかりました」という返事に使う表現です。

(12) 解答 ①

訳　「ナンシーはふだん 7 時頃に起きます」

1　（get up で）起きる　　　　**2**　知っている
3　見える　　　　　　　　　　**4**　眠る

解説　空所の後に up があることに注目しましょう。get up で「起きる」という意味になるので **1** が正解です。ここでは主語が Nancy なので get に s が付いて gets up となっています。around は「およそ〜，〜頃」という意味です。

(13) 解答 ①

訳　A：「あなたはあの女性を知っていますか」
B：「はい，知っています。彼女は新しい英語の先生です」

解説　Do you 〜? と質問されたら，Yes, I do. または No, I don't. と答えます。Yes, I am. は Are you 〜? と質問されたときの答えなので間違えないように注意しましょう。

(14) 解答 ②

訳　A：「今ジャックは何をしているのですか」
B：「彼は自分の部屋で寝ています」

解説　「〜している（ところだ）」は〈be 動詞＋〜ing〉で表します。He に続く be 動詞の形は is なので **2** が正解です。

(15) 解答 ③

訳　「この辞書はあなたのものではありません」

1　私の　　　　　　　　　　　**2**　私は
3　あなたのもの　　　　　　　**4**　彼女は

解説　空所には「〜のもの」を意味する単語を入れると意味が通ります。**3** の yours「あなたのもの」が正解です。**1** の my は my dictionary「私の辞書」のように後ろに必ず名詞がくるのでここには入りません。「私のもの」と言うには mine，「彼女のもの」と言うには hers を用います。

43

(16) 解答 **1**

訳
先生：「今日は何曜日ですか」
生徒：「火曜日です」

1 火曜日です。　　　　　2 2月です。
3 5時です。　　　　　　4 晴れています。

解説
What day is it today? は「曜日」をたずねる表現なので，曜日を答えている **1** が正解です。「今日は何月何日ですか」と「日付」をたずねる表現の What is the date today? と混同しないようにしっかり覚えておきましょう。

(17) 解答 **2**

訳
父親：「車の中では食べないで，ベス」
女の子：「ごめんなさい，お父さん」

1 それは彼のではないわ，

2 ごめんなさい，

3 次回また会いましょう，

4 私は料理ができないわ，

解説
Don't 〜 . は「〜するな，〜してはいけません」という意味です。ここでは前に Please を付けて Please don't eat「食べないでください」とていねいな言い方になっています。返事として自然につながるのは謝っている **2** です。

(18) 解答 **2**

訳
女の子：「あなたの新しい電話は何色なの？」
男の子：「黒だよ」

1 それは冷たいよ。　　　2 黒だよ。
3 ぼくは元気だよ。　　　4 約200ドルだよ。

解説
女の子の質問は What color で始まっているので色を聞いているとわかります。色を答えている **2** が正解です。

(19) 解答 2

20年度第1回 筆記

訳　女の子：「今日私たちは買い物に行けるかしら，お父さん」
父親：「**もちろん**」

1　1つお願い。　　　　　2　**もちろん。**
3　それは私だよ。　　　　4　今年だよ。

解説　can は「〜できる」という意味です。「買い物に行けるかしら」と質問された返事として適切なのは **2** の Of course.「もちろん」です。

(20) 解答 3

訳　母親：「ネコが見つけられないのよ，ジョー」
男の子：「**彼女はぼくの部屋にいるよ**，お母さん」

1　ぼくは幸せだよ，

2　それだけだよ，

3　**彼女はぼくの部屋にいるよ，**

4　それは明日だよ，

解説　「ネコが見つけられない」という母親への返答にふさわしいのは場所を答えている **3** です。ここでの She「彼女」は人ではなく the cat「そのネコ」のことです。ペットは動物ですが，it ではなく，メスならば she，オスならば he を使うことがあります。

筆 記　3 | 問題編 P63〜64

(21) 解答 4

正しい語順　(Thank you for your) help.

解説　Thank you for 〜. で「〜をありがとう」という意味になります。正しく並べた英文は直訳すると your help「あなたの手助け」をありがとうと言っていることになります。

(22) 解答 3

正しい語順　Osaka (is a big city).

解説 Osaka に be 動詞の is を続け，その後は「大都市」=「大きな都市」と考えれば，a big city とすればよいとわかります。

(23) 解答 ③

正しい語順 (Go to your room and) do your homework.

解説 前半部分を「自分の部屋へ行きなさい，そして」と考えるとわかりやすいでしょう。「～しなさい」という命令文は動詞の原形で始めるので，Go から始めます。Go to ～ で「～へ行く」という意味です。その後に your room「自分の［あなたの］部屋」を続け，その後に and を続けます。

(24) 解答 ①

正しい語順 (Can you close the window), please?

解説 Can you ～? は「～してくれますか」と頼むときに使う表現です。その後に「窓を閉める」という意味の close the window を続けます。

(25) 解答 ①

正しい語順 My dog (is three years old).

解説 主語の My dog に be 動詞の is を続けます。年齢を表す「～歳」は～ years old で表します。ここでは 3 歳なので three years old とします。

▶MP3 ▶アプリ
▶CD 57〜67

〔例題〕 **解答** 3

放送文　Is this your bag?

1 Sure, I can.　　　　**2** On the chair.

3 Yes, it is.

放送文の訳　「これはあなたのかばんですか」

1 ええ，ぼくはできます。　**2** いすの上に。

3 はい，そうです。

No.1　**解答** 1

放送文　When is your birthday, Chris?

1 It's December thirteenth.

2 Here it is.

3 I'm ten.

放送文の訳　「あなたの誕生日はいつなの，クリス？」

1 12月13日だよ。

2 はい，どうぞ。

3 ぼくは10歳だよ。

解説　質問は When で始まっているので「いつ」とたずねていることがわかります。日付を答えている**1**が正解です。birthday と聞こえたときに，年齢を答えている**3**を選ばないように注意しましょう。

No.2　**解答** 2

放送文　Thank you for the book, Mike.

1 I like reading.　　　**2** You're welcome.

3 Let's go.

放送文の訳　「本をありがとう，マイク」

1 ぼくは読書が好きだよ。　**2** どういたしまして。

3 行こう。

解説　Thank you とお礼を言われているので，ふさわしい返事

は「どういたしまして」という意味の，**2** の You're welcome. です。よく使う表現なので覚えておきましょう。

No.3　解答 **1**

放送文　Can you take my picture, please?

　1　All right.　　　　**2**　It's a camera.

　3　I'm here.

放送文の訳　「私の写真を撮ってくれますか」

　1　いいですよ。　　　　**2**　それはカメラです。

　3　私はここにいます。

解　説　take my picture は「私の写真を撮る」という意味です。Can you ～? は「～してくれますか」と頼むときに使う表現なので，返事として適切なのは **1** の All right.「いいですよ」です。

No.4　解答 **1**

放送文　Which sport do you play, baseball or soccer?

　1　Soccer.　　　　**2**　At the park.

　3　On Saturday.

放送文の訳　「あなたはどちらのスポーツをするの，野球それともサッカー？」

　1　サッカーだよ。　　　　**2**　公園でだよ。

　3　土曜日にだよ。

解　説　質問は Which「どちら」で始まっています。野球とサッカーのどちらかを聞いているので，サッカーと答えている **1** が正解です。質問の最初のことばに注意して何をたずねているかしっかり聞き取りましょう。

No.5　解答 **3**

放送文　Can I see your notebook?

　1　I like reading.　　　　**2**　I'm here.

　3　Sure.

放送文の訳　「あなたのノートを見てもいい？」

　1　ぼくは読書が好きだよ。　　　**2**　ぼくはここにいるよ。

| 解説 | Can I ～? は「～してもいいですか」と許可を求める表現です。その返事としてふさわしいのは **3** です。「いいよ」という言い方はほかに All right. や OK. などがあります。 |

3　もちろん。

No.6　解答 ③

| 放送文 | Are you a student? |

1　Yes, it is.　　　　2　Yes, you are.

3　Yes, I am.

| 放送文の訳 | 「あなたは学生ですか」 |

1　はい，それはそうです。　　2　はい，あなたはそうです。

3　はい，ぼくはそうです。

| 解説 | Are you ～? という質問には Yes, I am. または No, I'm not. で答えるので，**3** が正解です。 |

No.7　解答 ②

| 放送文 | Is this your pencil, Lynn? |

1　It's two dollars.　　2　No, it's not.

3　You, too.

| 放送文の訳 | 「これは君の鉛筆なの，リン？」 |

1　それは 2 ドルよ。　　　2　いいえ，それは違うわ。

3　あなたも。

| 解説 | Is this ～?「これは～ですか」と聞かれたら，返事は Yes か No で答えるのが基本です。正解は **2** で，it's は it is を短縮した形です。is not を短縮して isn't とした No, it isn't. も同じ意味で使えます。 |

No.8　解答 ①

| 放送文 | Mom, where's my schoolbag? |

1　It's on the sofa.　　2　Yes, I can.

3　Science is fun.

| 放送文の訳 | 「お母さん，ぼくの学校のかばんはどこ？」 |

1　ソファーの上よ。　　　2　ええ，私はできるわ。

3　科学はおもしろいわ。

where's は where is の短縮形で，男の子は「どこ」とたずねています。場所を答えている **1** が答えとして適切です。

No.9　解答 ❷

放送文 | Look. These are my new shoes.
1 No, I'm not. 　　　　**2** They're nice.
3 See you next time.

放送文の訳 |「見て。これらは私の新しい靴よ」
1 いいえ，私は違うよ。　　**2** それらはすてきだね。
3 次回また会おう。

解説 | 女の子は靴を見せています。それに対して「すてきだね」と感想を言っている **2** が正解です。この They は These shoes「これらの靴」のことです。

No.10　解答 ❸

放送文 | I really love this TV show.
1 Tomorrow night. 　　**2** I'm fine.
3 Me, too.

放送文の訳 |「ぼくはこのテレビ番組が本当に大好きなんだ」
1 明日の夜よ。　　　　　**2** 私は元気よ。
3 私もよ。

解説 | TV show は「テレビ番組」という意味です。今見ているので **1** は当てはまりません。また急に「元気です」と言うのもおかしいです。正解は「私も」と答えている **3** です。

| リスニング | 第**2**部 | 問題編 P68 | ▶MP3 ▶アプリ ▶CD 68〜73 |

No.11　解答 ❹

放送文 | ☆：Hi, Mike. Where are you going?
★：I'm going to the movies. See you tomorrow at school, Susan.
Question: Where is Mike going now?

放送文の訳	☆：「こんにちは，マイク。どこへ行くの？」
	★：「映画に行くんだ。明日学校でね，スーザン」
質問の訳	「マイクは今どこへ行くところですか」

選択肢の訳	1　学校へ。	2　試合へ。
	3　自分の家へ。	4　映画へ。

解　説	質問の最後に now とあるので，マイクが「今」どこへ行くところかを答えます。スーザンの Where are you going?「どこへ行くの？」に対し，マイクは I'm going to the movies. と答えているので，**4** が正解です。学校へ行くのは tomorrow「明日」なので **1** は不正解です。

No. 12　解答　②

放送文	☆：Is this your cap, David?
	★：No, Emma. It's my friend Peter's.
	Question: Whose cap is it?

放送文の訳	☆：「これはあなたの帽子なの，デビッド？」
	★：「いいえ，エマ。それは友だちのピーターのだよ」
質問の訳	「それはだれの帽子ですか」

選択肢の訳	1　デビッドの。	2　ピーターの。
	3　エマの。	4　エマの友だちの。

解　説	女の子（＝エマ）の質問に対し，男の子（＝デビッド）は It's my friend Peter's. と答えているので **2** が正解です。会話の中にたくさんの名前が出てくるので，1回目の放送ではだれとだれが話しているか聞き取るようにし，2回目は，だれの帽子と言っているかに注意して聞くと混乱しないでしょう。

No. 13　解答　④

放送文	☆：Hi, I want some chocolate pie, please.
	★：That's $2.60.
	Question: How much is the chocolate pie?

放送文の訳	☆：「こんにちは，私はチョコレートパイがほしいです」
	★：「2ドル60セントです」

51

「チョコレートパイはいくらですか」

選択肢の訳
1　２ドル。
2　２ドル６セント。
3　２ドル16セント。
4　２ドル60セント。

解　説　sixteen と sixty は似ていますが，強く言うところ（アクセントの位置）が違います。また，語の最後をしっかり聞くことで聞き分けられます。落ち着いて聞くようにしましょう。アクセントを意識して繰り返し発音してみると違いがつかめます。

No.14 解答 ①

放送文　☆：I have a guitar lesson every Wednesday.

★：Really? I have basketball practice on Wednesdays.

Question: What does the girl do on Wednesdays?

放送文の訳　☆：「私は毎週水曜日にギターのレッスンがあるの」

★：「本当に？　ぼくは毎週水曜日にバスケットボールの練習があるよ」

質問の訳　「女の子は毎週水曜日に何をしますか」

選択肢の訳
1　彼女はギターのレッスンがあります。
2　彼女はトランペットのレッスンがあります。
3　彼女はバスケットボールの練習があります。
4　彼女はソフトボールの練習があります。

解　説　every Wednesday も on Wednesdays も「毎週水曜日に」という意味です。質問は「女の子」がすることなので，1が正解です。

No.15 解答 ①

放送文　☆：Can I have the strawberry jam, please?

★：Of course. Here you are.

Question: What does the woman want?

放送文の訳　☆：「そのイチゴのジャムをいただけますか」

★：「もちろん。はい，どうぞ」

質問の訳　「女性は何がほしいですか」

選択肢の訳
1　ジャム。
2　砂糖。

3 塩。　　　　　　　　　**4** フルーツサラダ。

解　説　Can I have ～, please? は「～をいただけますか」とい
う依頼の表現です。女性は strawberry jam と言ってい
ます。選択肢に strawberry「イチゴ」はありませんが，**1**
の jam「ジャム」が正解です。

リスニング　第**3**部　問題編 P69〜70　

No. 16　解答　**3**

放送文
1　The boys are reading.
2　The boys are writing.
3　The boys are running.

放送文の訳
1　男の子たちは読んでいます。
2　男の子たちは書いています。
3　男の子たちは走っています。

解　説　「～しています，～しているところです」は〈be 動詞＋～
ing〉で表します。絵を見ると3人の男の子が走っている
ので，**3** が正解です。writing は write「書く」の，
running は run「走る」の ing 形です。

No. 17　解答　**3**

放送文
1　Richard is at the library.
2　Richard is at the bank.
3　Richard is at the zoo.

放送文の訳
1　リチャードは図書館にいます。
2　リチャードは銀行にいます。
3　リチャードは動物園にいます。

解　説　〈be 動詞＋at ～〉で「～にいます」という意味です。絵に
はキリンやサルが見えるので，動物園（zoo）にいるとわか
ります。library は「図書館」，bank は「銀行」という意
味です。

53

No. 18 解答 ①

放送文
1 Koji is writing a letter to his friend.
2 Koji is speaking to his friend.
3 Koji is listening to his friend.

放送文の訳
1 コウジは友だちに手紙を書いています。
2 コウジは友だちに話しかけています。
3 コウジは友だちの話を聞いています。

解説
絵の中の Dear Tom「トムへ」は英語で手紙を書くときの出だしの表現なので，letter「手紙」を書いているという意味の **1** が正解です。speak to ～ は「～に話しかける，～と話す」，listen to ～ は「～を聞く」という意味です。

No. 19 解答 ②

放送文
1 Jay gets up at 7:40 a.m.
2 Jay gets up at 7:45 a.m.
3 Jay gets up at 7:55 a.m.

放送文の訳
1 ジェイは午前 7 時 40 分に起きます。
2 ジェイは午前 7 時 45 分に起きます。
3 ジェイは午前 7 時 55 分に起きます。

解説
絵の中に時計があったら，その時刻の言い方を思い浮かべてから放送を聞くようにします。forty-five「45」と fifty-five「55」を混同しないようにしましょう。

No. 20 解答 ③

放送文
1 Mary and Mike are looking at a train.
2 Mary and Mike are looking at a bus.
3 Mary and Mike are looking at a ship.

放送文の訳
1 メアリーとマイクは電車を見ています。
2 メアリーとマイクはバスを見ています。
3 メアリーとマイクは船を見ています。

解説
look at ～ で「～を見る」という意味です。絵に描かれているのは船なので **3** の ship が正解です。train は「電車」，bus は「バス」という意味です。

No. 21 解答 ②

放送文
1 The butterfly is on Bill's head.
2 The butterfly is on Bill's arm.
3 The butterfly is on Bill's leg.

放送文の訳
1 チョウはビルの頭に止まっています。
2 チョウはビルの腕に止まっています。
3 チョウはビルの脚に止まっています。

解説
絵を見ると, チョウは男の子の腕 (arm) に止まっているので **2** が正解です。head は「頭」, leg は「脚」という意味です。体の部位の言い方はよく出題されるのでしっかり覚えておきましょう。

No. 22 解答 ①

放送文
1 The score is 15 to 12.
2 The score is 50 to 20.
3 The score is 5 to 20.

放送文の訳
1 得点は 15 対 12 です。
2 得点は 50 対 20 です。
3 得点は 5 対 20 です。

解説
絵の中に数字があったらその言い方を思い浮かべてから放送を聞くようにしましょう。12(twelve) と 20(twenty) は混同しやすいのでしっかり覚えておきましょう。

No. 23 解答 ①

放送文
1 Shelly is speaking to a waiter.
2 Shelly is speaking to a doctor.
3 Shelly is speaking to a pilot.

放送文の訳
1 シェリーはウエーターに話しています。
2 シェリーは医者に話しています。
3 シェリーはパイロットに話しています。

解説
職業の名前の問題です。絵を見るとレストランで注文をしている場面のようなので, 女性が話しかけている相手は waiter「ウエーター」です。doctor は「医者」, pilot は

「パイロット」という意味です。

No. 24 解答 ②

放送文
1 The cat is sleeping on the chair.
2 The cat is sleeping on the piano.
3 The cat is sleeping on the desk.

放送文の訳
1 ネコはいすの上で寝ています。
2 ネコはピアノの上で寝ています。
3 ネコは机の上で寝ています。

解 説
on 〜 は「〜の上で, 〜の上に」という意味です。絵の中のネコはピアノの上で寝ているので 2 が正解です。chair は「いす」, desk は「机」という意味です。

No. 25 解答 ①

放送文
1 The girls like hiking.
2 The girls like swimming.
3 The girls like painting.

放送文の訳
1 女の子たちはハイキングが好きです。
2 女の子たちは水泳が好きです。
3 女の子たちは絵を描くのが好きです。

解 説
〈like＋〜ing〉は「〜するのが好きだ」という意味です。絵の女の子たちはハイキングをしているので 1 が正解です。

2021-2022年対応

文部科学省後援

直前
対策

英検®5級
3回過去問集

別冊解答

Obunsha